≡ 昌明文庫‧悅讀歷史 ≡

一口氣讀懂
史記故事

上冊

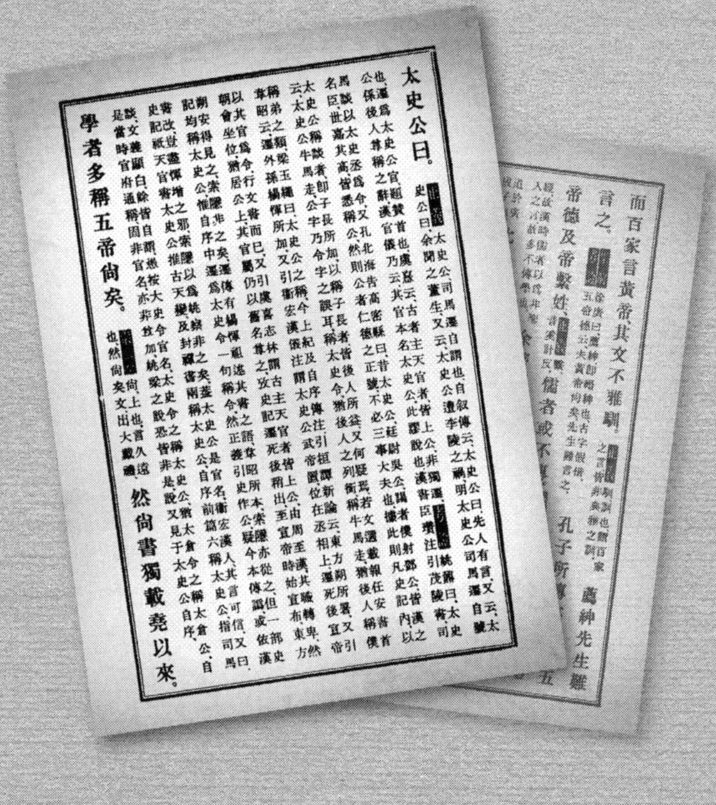

劉曼麗 —— 主編

PREFACE

　　《史記》是中國歷史上第一部紀傳體通史，它敘述了上起黃帝，下終漢武帝元狩元年（西元前122年）三千多年的歷史，是中國古代最著名的古典典籍之一，被列為二十四史之首。

　　《史記》的獨特，不僅僅在於其歷史性，更在於其思想性，全書包含著進取精神、憫世情懷、人道主義和自強不息的意志。梁啟超曾為十大名篇的人物定性，如《項羽本紀》被定為「大江東去，楚王流芳」，《廉頗藺相如列傳》被定為「文武雙雄，英風偉概」，《魯仲連鄒陽列傳》被定為「功成不居，不屈權貴」，《李將軍列傳》被定為「戎馬一生，終難封侯」，等等。這些定性，雖然是一家之言，卻也中肯。

　　本書以人物為主線，以故事情節作貫穿，雖然重再寫史，但有很強的故事性。全書可分成兩個部分：一是對人物的生平描述，著重記述人物幾個代表性的事件；二是作者的評論或感想。由於書中人物形象就貫穿於字裡行間，故事精彩，個性鮮明，因此有很多廣為流傳的小故事，如重耳流亡、指鹿為馬、鴻門宴、紙上談兵、破釜沉舟等，為後世小說、戲曲提供了豐富的創作源泉，其構思情節和塑造人物的手法也因此為後世小說家們所效仿。典型的如馮夢龍的《東周列國

志》、孫皓暉的《大秦帝國》和寒川子的《戰國縱橫》，都是以《史記》為取材之源。還有中國傳統的傳記小說，習慣以時間順序展開關於人物的故事事件，最後再加上簡單的評論，這個特徵就出自於《史記》。

《史記》的作者司馬遷之所以被稱作「史聖」，就在於他開創了這種史傳文學的傳統，首先用以人載事、始終敘述一個人生平事蹟的記史方法。因此，他雖在寫史，但更是在記述人的複雜性；雖然客觀記述歷史，但作者個人的愛憎態度卻從字裡行間流露出來。如劉邦和項羽這兩個人，有人說司馬遷「冷看劉邦惜項羽」，前者雖然稱帝，也比較英明，但司馬遷卻處處表現出這個人人格品質的無賴，無法令人敬重；後者雖然兵敗自殺，司馬遷也沒有一味地貶低他，反而讚賞他的驍勇，但又對項羽的胸無大志、殘暴自恃作出批評。因此，《史記》不僅僅是一部歷史經典，還是一步集個人傾向性於一體的傳記故事。

本書就是基於《史記》這些特點而編撰的。《史記》的體例分為本紀、世家、列傳、書、表五種，其中「書」記述了歷代朝章國典、制度沿革，主要寫歷代禮樂制度、天文兵律、社會經濟、河渠地理等

各方面內容，學術性較強，本書未加收錄；「表」是用表格來簡列世系、人物和史事，為純粹的歷史沿革，本書也未收錄。

　　魯迅曾對《史記》的評價堪稱經典：史家之絕唱，無韻之《離騷》。本書所收錄的內容，就是魯迅所說的「絕唱」和「無韻」部分，即《史記》的精華——本紀、世家、列傳。這三種體例是純粹記述人物及其歷史事蹟的，集歷史性、文學性、思想性於一體，《史記》的獨特之處，也正在於此。由於本書篇幅所限，《史記》中有一些內容本書未加以選編，但經典篇目盡收入其中，不至於影響讀者進行賞析和閱讀。

　　願本書為您帶來愉悅的閱讀享受！

本紀

五帝本紀

華夏始祖黃帝

　　黃帝本姓公孫，名字叫做軒轅，是少典部族的子孫。他出生還不到一百天的時候就會說話了，在年紀很小的時候就表現出敏捷的思維和出眾的口才，等到他長大以後更是聰明堅毅，敦厚能幹，很快就成了他所在部落的首領。

　　黃帝做部落首領的時候，發明農耕和醫藥的炎帝神農氏所在的部落已經衰落了，各個部落的酋長們為了權勢互相攻伐，戰亂不斷，百姓深受戰爭之苦，人們都希望能出現一位能安定天下的君主。由於黃帝的英明能幹，他所在部落逐漸強大起來，於是黃帝就理所當然擔負起安定天下的重任。

　　黃帝先是在阪泉一戰中戰勝炎帝神農氏，統一了華夏民族，開始了中華民族第一次大統一的步伐；後又在涿鹿一戰戰勝東夷的蚩尤，奪取了中原，引領古代華夏民族由野蠻時代走向文明時代。黃帝帶著軍隊南征北戰，東奔西走，哪裡有征戰，他的軍隊就會在哪裡出現，因此他沒有固定的住處。他帶兵征戰到哪裡，就在哪裡搭個帳篷住下。他率領他的部落採用戰爭手段，鎮壓了那些不守規矩的部落，使得各個部落紛紛前來歸附。

黃帝統治的那個時期，領土範圍東到東海之濱，西到崑崙山下，南到長江天險，北到廣袤的草原。每到一個地方他都要登山祭祀，向上天表達自己安定天下的理想和夙願。他登過的高山有丸山（今山東省濰坊市臨朐縣）、泰山（今山東省泰安市）、雞頭山（今甘肅省慶陽市鎮原縣）、熊山（今湖北省保康縣與重慶市巫山縣）、湘山（今湖南省岳陽市）。黃帝不僅祭祀山川和鬼神的次數多，而且場面宏大。

最後在向北驅逐了葷粥部族的勢力後，終於天下太平，黃帝也被各方諸侯一致擁戴為天下共主。然後，黃帝帶領著天下諸侯一起來到釜山（位於河南省靈寶市）檢閱了軍隊，並且設立了指揮軍隊的符契，建立了國家的規章制度。接著就在山下的廣闊平地上建起了都邑，讓百姓居住。

黃帝建立了國家的最基本的體制，他把全國一共分成了九個州，每州又分成了十個師，一個師分成了十個都，每個都又分成了十個邑，每個邑分成五個里，每里再分成三個朋，每個朋再分成三個鄰，每一鄰又分成三個井，每一井有八家；並且在荊山（今陝西中部）鑄造了九個大鼎，然後設置各級官員，這樣通過州、師、都、邑、裡、朋、鄰、井等組織，就能對天下的百姓進行有效的管理。黃帝任用風后、力牧、常先、大鴻等賢能的大臣幫助他一起治理民眾；他還設置了左右大監，派他們去督察各諸侯國。從那以後，天下安定，各諸侯部落之間也能夠和睦相處，友好往來。

黃帝統治的時期，社會經濟有了很大的發展，石製生產工具磨製

得更加精細，出現了專門的挖土的工具木耒，還出現了石鉞和三角犁形器、穿孔石刀、石鐮、蚌鐮等收割工具。生產工具的改進大大提高了生產能力，表明農業生產已經具有一定規模，收穫量有所增加。

黃帝在位時國勢強盛，政治安定，文化進步，有許多發明和製作。黃帝讓大臣隸首創造了算盤和算數，制定了度量衡制度。後來算盤不斷得到改進，成為今天的「珠算」。

黃帝時代所封的官職都用雲來命名，比如軍隊在那個時候就叫作雲師。黃帝還和他的大臣風后一起發明了弓箭，制定了作戰的陣法。因為黃帝在作戰中講究排兵佈陣，應用弓箭等先進的戰爭手段，所以更能充分發揮軍隊的戰鬥力，起到克敵制勝的效果。

黃帝是中國遠古時代的一位代表人物，應該說他是當時集體智慧的代表。他的大臣倉頡創造了文字，改進了古代結繩記事的方法，使華夏民族走向有文字的文明。另一個大臣伶倫用竹子做成了簫管，發明了音樂，制定了五音十二律。後來人們又用陶土、石材、玉料、木材等材質製作樂器，逐步發展成為現代音樂的基礎。黃帝與另一個大臣岐伯一起討論了人們生老病死的現象，創作了《黃帝內經》，形成了岐黃之術，古老的中醫學就是在這個基礎上建立起來的。

當時人們的衣著也由獸皮演進為植物纖維，黃帝的正妃嫘祖還發明了養蠶，並且用蠶絲製做成衣服，使得絲綢成為古老中國的文明象徵和代表符號。此外，黃帝還鼓勵農業生產，幫助人們擺脫自然的束縛，這為增強部落的整體實力奠定了物質基礎，也形成了建立在農業文明基礎上的獨特的中華文明。

黃帝做天子時的祥瑞徵兆為土德，所以叫黃土帝，又稱軒轅黃帝。黃帝治五氣，藝五種，訓化野獸，任用風后、力牧、常先等賢臣治理民眾的行為，成為中華文明承前啟後的先祖。

　　黃帝死後葬在橋山（今陝甘交界）。他的孫子高陽即位，就是顓頊帝。顓頊死了以後，黃帝的曾孫子高辛即位，就是帝嚳。嚳死之後，他的兒子放勳即位，就是堯。堯死以後，舜即位，舜是顓頊的六世孫。後世將黃帝、顓頊、帝嚳、堯、舜合稱為五帝，黃帝就是五帝之首，是華夏民族的共同祖先。由於他代表了中華文明從野蠻走向文明的發展歷程，後人因而將黃帝奉為人文始祖。

聖明的唐堯

　　黃帝的正妻是西陵氏之女嫘祖，嫘祖給黃帝生了兩個兒子：一個叫玄囂，另一個叫昌意。昌意娶了蜀山氏之女昌僕，生下高陽，黃帝死後帝位傳給高陽，高陽就是顓頊帝。玄囂生兒子鑻極，鑻極生兒子高辛，高辛後來接替了高陽登上帝位，高辛就是帝嚳。

　　帝嚳繼承了黃帝和顓頊帝的事業，進一步探索大自然的規律，做出的貢獻有：明確了四季和二十四節氣，指導人們按照二十四節氣從事農業和畜牧業生產活動。這兩大貢獻對當時的人們有較好的指導作用，極大地改善了人們的生活，人們因此都稱讚帝嚳的聖明。

　　帝嚳先娶娵訾氏之女，生下兒子摯。帝嚳後來又娶陳鋒氏的女兒，生下兒子放勳。帝嚳死後，摯接替了他的帝位，但摯能力有限，未能做出先祖那樣的功業，於是他將帝位讓給放勳。放勳就是後來的堯帝，因為他曾被帝嚳封在唐地，所以人們也稱他為「唐堯」。

　　堯帝是一位有作為的君主，他處理國家大事井井有條，善於聽從大臣的建議。他在位期間，天下曾經爆發過洪災。堯帝聽從四嶽的建議，派鯀去治水。鯀治水九年，也沒有取得成效。堯帝後來聽說大禹是一個有才能的人，就派他去治水，這次治水成功了。

堯帝在位期間，曾任命羲氏與和氏一起制定了曆法。曆法把一年分為三百六十六天，用春分、夏至、秋分、冬至來區分春、夏、秋、冬四季。這樣劃分四季有一定的漏洞，於是堯帝就設置了閏月。閏月的使用，方便了人們的生產和生活，曆法就這樣產生了。

　　由於堯帝善於運用賢能，又肯聽從大家的建議，民間各項事業就這樣得到發展，人民的生活逐漸安定下來，天下逐漸太平。

　　堯帝在位七十年，後來他覺得自己老了，就準備選擇繼任的賢人，於是就讓大臣們為自己推薦一個繼承人。大臣放齊推薦了他的兒子丹朱，說丹朱通達事理，可以繼承帝位。堯帝生氣地說：「我是很瞭解丹朱這個人的，他生性愚頑、兇惡，我不會讓他接任的。你們再想一想，看看還有誰可以。」大臣兜說：「共工這個人身邊聚集了很多的民眾，也做出很大的業績，您看他可不可以用。」堯帝想都沒想就說：「共工這個人好講大話，他用心不正，表面上看起來對人很恭敬，其實都是騙人的，他也不行。」後來堯帝就想把帝位讓給當時很有名望的四嶽，可是四嶽都不願意接受。堯帝只好讓大臣們繼續推舉有賢德的人，最後大家一致推舉了舜。

　　堯帝有兩個女兒，娥皇和女英。堯帝把這兩個女兒嫁給了舜，想通過兩個女兒來試看一下舜的人品和德行。舜與娥皇和女英結婚以後，帶著她們一起住在媯河邊的家裡，並教導她們摒棄尊貴之心，遵守為婦之道。

　　堯帝從女兒那裡知道舜的為人之後，認為舜這樣做很好，於是就讓舜擔任了司徒，幫助百姓建立和睦相處的關係。舜制定了父、母、

兄、弟、子、妻、友、鄰等之間應該遵守的道義，獲得百姓的好評，百姓都以舜為榜樣約束自己的行為。堯帝又讓舜參與對官員的管理工作，舜對百官劃定了明確的職責，官員們的工作從此變得有條理起來。堯帝又讓舜負責接待上訪的工作。舜為人處世很得體，自從他做了這份工作之後，告狀的百姓少了，諸侯之間也能彼此和諧相處了，遠方的諸侯來朝拜的時候也恭敬許多。堯帝又派舜進入山野、叢林、大川、草澤開荒闢土地，舜到了這裡之後既沒有迷路，也沒有耽誤事情，把一切工作都做得很好。

堯帝對舜的表現很滿意，認為他是一個德才兼備的人，於是就對他說：「我考察你三年了，你做事周密，言行一致，現在你可以登臨天子位了。」舜以自己的德行還不夠為由推讓，不願接受帝位。堯帝沒辦法，但因為自己年紀太大了，只好先讓舜代理政事。

舜登上代理政事一職之後，先舉行臨時的儀式祭告了上帝，然後又遙祭了遠方的名山大川，接著祭祀了各路神祇之後，才開始代理政事。舜首先向諸侯們講述治理國家的道理，並且根據諸侯們的業績對他們進行考察，然後根據功勞的大小把諸侯分成公、侯、伯、子、男五個等級，賜給不同的等級和數量的車馬衣服。

從前堯負責政事的時候，大臣兜舉薦過共工做了工師，結果共工放縱自己作惡，給天下造成了很大的災難。四嶽推舉鯀去治理洪水，儘管堯帝認為鯀不行，然而四嶽硬說要讓鯀去試試看，結果治水果然失敗了，所以百官怨聲載道，都認為鯀不適宜做治水的工作。當時還有三苗在江淮流域和荊州一帶多次作亂。這些問題都是舜擔任代理政

事之後出行天下的時候才發現的。他回來之後將這些情況上報給堯帝，並且請求把共工流放到幽陵以便改變北狄的風俗，把兜流放到崇山以便改變南蠻的風俗，把三苗遷徙到三危山以便改變西戎的風俗，把鯀流放到羽山以便改變東夷的風俗。堯帝聽從了舜的建議，懲辦了這四個罪人，天下的老百姓和朝廷的大臣們因此都服了舜。

這個時候，由於人口的數量得到了很大的增長，舜把天下重新劃分為十二個州，重新為各州配備官員。然後製桓圭、信圭、躬圭、谷璧、蒲璧五種玉製符信，召集四嶽和各州州牧，將這些玉製符信發給他們作為上任的憑證。

在召見諸侯的時候，舜還重新統一了四時的節氣，統一了音律和長度、容量、重量的標準，統一了吉、凶、賓、軍、嘉五種禮儀，還要求諸侯們在朝見帝的時候，要統一送上五種圭璧、三種彩繒作為禮物；規定卿大夫朝見帝的時候，統一送上羊羔、大雁二種動物作為禮物；規定士大夫朝見帝的時候，要統一送上雉作為禮物。大家送五種圭璧只限於朝見典禮時，朝見典禮結束，帝還會將五種圭璧還給諸侯，以便他們下次朝見的時候再用。

堯稱帝七十年以後，得到了舜這麼賢能的人才，將他培養了二十年以後，才讓舜代理國家的政務，並且在他逝世後，把天下傳給了舜。三年喪期結束，舜又把帝位讓給了堯帝的兒子丹朱，自己回到了老家去耕作去了。但是，諸侯前來朝覲的時候都不到丹朱那裡去，卻到舜這裡來；百姓有訴訟官司也不去找丹朱評理，反而來找舜。天下人莫不歌頌舜的功德，舜不得已才說：「這是上天的意思啊！」最後才回到京都，正式登上天子之位，成為舜帝。

賢德的虞舜

舜的名字叫作仲華，他是顓頊帝的第六代孫，從顓頊為帝之後一直到舜帝，這個家族的地位都很低微，舜是從田畝之間崛起稱帝的。因為他曾經擔任有虞氏的部落首領，所以又稱「虞舜」。

舜自幼生活在一個小村落的農家。他出生的時候，頭又大又圓，腦門兒很大，眉骨隆起，有些突出，每個眼睛裡都有兩個瞳子。更奇特的是，他的掌心紋路像個「褒」字，方臉面黑，嘴巴大得可以放下一個拳頭，他的父親給他取名叫作「舜」，他的號就叫「華」，由於排行老二，所以又叫仲華。

舜的父親瞽叟是位盲人，舜的母親去世很早，後來瞽叟又續娶了一任妻子。後妻生了個兒子，起名叫象。瞽叟對後妻言聽計從，很喜歡小兒子象，舜的日子就變得比較艱辛起來。舜若不小心有了一點小小的過錯，瞽叟就重罰他。但無論父親和後母怎樣虐待自己，舜都很恭順地侍奉他們。

舜的大孝很快就傳遍了天下，以至於他三十歲就出名了。這時候堯帝剛好尋找繼承人，大家都知道舜是一個德才兼備的人，就一致推薦了舜。堯為了考察舜，將自己的兩個女兒嫁給了舜。在此期間，舜

教導堯的兩個女兒明白為婦之道，教導她們禮貌地對待親屬和朋友、鄰居，堯帝知道這些之後，很高興。堯帝的兩個女兒還告訴堯帝，他的幾個兒子和舜在一起做事以後也更加忠厚誠實，做事的能力也得到了很大的提高。後來，舜到歷山去耕作，歷山的老百姓都能夠互相謙讓，也沒有發生過爭地的事件；舜在雷澤那裡捕魚的時候，雷澤的老百姓也沒有發生過爭搶的事情；舜在黃河岸邊製作陶器的時候，不光自己做的沒有出現次品，那裡的老百姓在他的幫助下也不再有次品出現了。知道了這些情況以後，堯帝賜給舜很多好衣服，還了給他一張琴，為他建造了倉庫，還賜給他許多的牛和羊。

堯帝對舜的賞賜，激起了舜家人的嫉妒和仇恨，瞽叟甚至在後母和弟弟的慫恿下，想要殺掉舜。

一天，瞽叟讓舜去修補穀倉，在舜登到高處的時候，他從下面放火焚燒穀倉。幸好舜機敏，及時用兩個斗笠保護著自己跳了下來，這才幸免於難。

一計不成，又生一計，瞽叟又想出了害死舜的新方法。他讓舜去挖井，準備將舜埋在井裡。舜知道父親又想害死自己，於是在挖井的時候，在井的側壁鑿出一條通向外邊的暗道。舜挖到一定深度的時候，瞽叟就招呼象一起往井裡倒土，舜很快就被埋到井底。瞽叟和象以為舜死了，高興地商量瓜分舜的財產。象說：「這個方法是我想出來的，我應該多分一點，舜的兩個妻子就歸我了，堯帝賜給他的琴也應該歸我，牛羊和穀倉都歸你們吧。」他們卻不知道，此時的舜已經通過暗道逃了出去，因此當象去舜房間拿琴的時候，看見還舜活著，

嚇了一跳。象只好裝模作樣地問：「我正想哥哥呢，你就回來了。」說完就趕緊溜走了。

即使發生了這些事，舜還是像以前一樣恭順地對待家人，對父母孝順，對弟弟疼愛有加，從來也不違背自己作為兒子和兄長應該承擔的道義。

堯通過考查，瞭解了舜的人品、德行和才能以後，決定把天下傳給舜，於是先讓舜代行天子政務，到四方去巡視。舜巡行天下的時候，瞭解到高陽氏的後代裡有八個有才有德的子孫，人們尊敬他們，稱之為「八愷」；高辛氏的後代裡也有八個有才有德的子孫，人們稱他們為「八元」。這十六個家族的後人，好幾代人都能保持他們先人的美德，沒有敗壞他們先人的名聲。舜就向堯推舉了八愷和八元的後代，使他們得到堯的重用。八愷擔任掌管土地的官職，他們任職以後處理的各種事務，都辦得有條有理。八元負責教化人民，傳播倫理道德。很快，天下臣民各司其職，各守道義，父慈母愛，兄善弟恭，子女孝順，家庭和睦，鄰里之間也都能真誠相待。他們的功勞都與舜的推薦是分不開的。

舜一方面重用八愷和八元，另一方面，他又幫助百姓懲治了「四凶」。「四凶」分別是「渾沌」、「窮奇」、「檮杌」、「饕餮」。其中「渾沌」是黃帝後代中一個不成材的人，他不講仁義，專好行兇作惡，百姓都認為他野蠻，沒有開化。「窮奇」是堯帝的哥哥帝摯的其中一個後代，他不講道理，言語惡毒，百姓都認為他無比的怪異。「檮杌」是顓頊帝的一個後代，他不懂好歹，不辨是非，百姓都認為他是凶頑

極致的人。「饕餮」是三苗的一個後代，他好吃懶作，貪得無厭，百姓也很討厭他。舜將這些情況反映給堯帝，並將他們及其家族流放到很遠的地方抵禦害人的妖魔。

舜繼位之後，任用了堯帝時代很多大臣。

他任命皋陶掌管監獄，負責天下的刑罰制度。皋陶不負所望，執法公正，贏得了人們的愛戴。

他任用伯夷主持禮儀，伯夷也不負所望，諸侯、臣民、百姓在他的管理下能夠和睦相處。

他任命垂主管百工，垂也不負所望，百工在他的管理下都能做好自己的工作。

他任命益主管山澤，益也不負所望，在他的管理下，山林湖澤都得到開發。

他任命棄主管農業，棄也不負所望，在他的管理下，老百姓的收成得到了很大的提高。

他任命契擔任司徒，契也不負所望，在他的管理下，百姓都得到了教化。

他任命龍接待賓客，龍也不負所望，很多遠方的諸侯也都來朝貢了。

除了以上幾位官員，舜尤其重用了大禹。在這些人當中，以大禹

的功勞最大。他不但成功地治理好了水患，還開鑿大山，修築道路，治理湖澤，疏濬河道，勘定了各諸侯的地界和物產，規定了各地應繳納的貢物種類和數量。

由於舜善於重用人才，天下在他的治理下更繁榮。他統治的區域也比以前更大了，東到渤海灣，南至越南，西到崑崙山，北到長白山，當時都是華夏的區域。

舜在位的第四十八年，舜去南巡，最後死在南巡途中的蒼梧，享年一百一十歲。舜在死前就把天下禪讓給了禹。舜死後，禹效仿當年的舜，將帝位傳給舜的兒子商均。但商均也遭遇了當年丹朱一樣的情況，天下人都不服他，只服從禹，於是禹就正式登上天子之位。

夏本紀

大禹治水

　　禹，名文命，是黃帝的玄孫。禹也與舜一樣，雖然祖先顯赫，但他的父輩不曾登過帝位，只是一般的臣子。

　　禹最大的貢獻是治好了洪水。當時，天下發生了特大洪水，山嶽、丘陵、平原都被淹沒，人們生活在水深火熱之中。當時的堯帝尋找治水的能臣，大家都推薦了禹的父親鯀。堯帝雖然覺得鯀的能力不行，但一時之間沒有更好的人選，就只好聽從大家的建議，對鯀委以重任。鯀治水治了九年，也沒能平息天下的水患。這時候，舜成為新的天子，舜覺得鯀的能力不行，直接命人在羽山海邊誅殺了鯀。由於禹從小耳濡目染父親的治水過程，有一定的經驗，於是舜就提拔他繼承鯀的位置，讓他繼續負責治水，並派伯益、后稷協助他平治水土的工作。

　　因為父親治水的失敗，禹很難過，但也因此讓他下定治水的決心。為此，他經常隨身攜帶治水的工具、測定平直的水準和繩墨。鯀用堵的方法治水，結果失敗了，大禹就吸收父親的教訓，採用疏通河道的方式治理洪水。為了確保治理的效果，他帶領百姓翻山越嶺，在每個經過的地方都按照高低做上標記，為將來規劃山河做準備。為了盡快解決天下水患，禹不顧自己剛剛新婚，整日不知疲倦地工作，為

了治水到處奔波，甚至幾次經過自己的家門，都沒有時間回家看一下。

經過大禹和百姓的不懈努力，終於開通了九條山脈的道路，這九條通道分別為：從汧山和岐山開始，經荊山越黃河；從壺口山、雷首山開始，到太岳山結束；從砥柱山、析城山開始，直到王屋山；從太行山、常山開始，到碣石山，入海與水路接通；從西傾山、朱圉山、鳥鼠山開始，到太華山結束；從熊耳山、外方山、桐柏山開始，到負尾山結束；從嶓冢山開始，到荊山結束；從內方山開始，到大別山結束；從汶山南面開始，經衡山，越九江，最後到達敷淺原山。

開通了九條山脈的道路之後，大禹又帶領百姓疏導了九條大河，這九條河的路線分別為：把弱水疏導至合黎，使弱水的下游注入流沙；疏導了黑水流入南海；疏導黃河，使之經過洛水入河口，直到大邳；經過降水，向北分為九條河，最後流入大海；疏導漾水，向東流，經漢水、蒼浪水、三澨水到大別山，南則注入長江，再向東流入大海；疏導長江，向東分出支流沱水、醴水，經九江後向東斜行北流，與彭蠡澤之水會合，向東流入大海；疏導沇水，向東流注入黃河，再向東與汶水會合，再向北流入大海；疏導淮水，向東與泗水、沂水會合，再向東流入大海；疏導渭水，往東與灃水、涇水會合，向東經過漆水、沮水，流入黃河；疏導洛水，向東北與澗水、瀍水會合，又向東與伊水會合，再向東北流入黃河。

通過打通山脈，九條山開出了道路，通過疏通河道，九條大河疏通了水源，九個大湖也因此築起了堤防，天下的山川河流都治理好

了，從此九州統一，四境之內都可以居住了，天下諸侯擺脫了水患，從此又可以朝賀天子了。

然後，大禹又治理好了金、木、水、火、土、谷六庫的物資，將天下各個地方的土地評定出等級，根據不同的土壤等級來確定賦稅，最後在九州之內為諸侯分封土地，賜予他們姓氏，天下從此安定下來。

然後，大禹又對天下進行了重新規劃，天子國都以外五百里的地區是為天子服田役納穀稅的地區，稱之為「侯服」。要求百里以內的地區交納收割的整個莊稼，一百里至二百里的地區要交納禾穗，二百里至三百里的地區要交納穀粒，三百里至四百里的地區要交納粗米，四百里至五百里的地區要交納精米。

侯服以外五百里的地區是為天子偵察順逆和服侍王命的地區，稱之為「甸服」。緊挨侯服百里以內的甸服地區是卿大夫的采邑，侯服往外三百里以內的地區為侯的封地。

甸服以外五百里的地區是受天子安撫並推行禮樂教化的地區，稱為「綏服」。緊挨侯服三百里以內的綏服地區根據具體情況推行禮樂法度、文章教化；再向外二百里以內的地區負責保護天子，擴大天子的威名。

綏服以外五百里的地方是受天子約束服從天子的地區，稱為「要服」。緊挨綏服三百里以內的要服地區要和平相處，遵守教化；往外二百里的地區要遵守王法。

要服以外五百里的地區是為天子守衛遠邊的荒遠地區，稱為「荒服」。緊挨要服三百里以內的荒服地區荒涼，這裡的人來往可以不受限制；往外二百里的地區更加自由，人們可以隨意居住。

　　大禹對天下重新規劃之後，天子的聲望傳遍了東西南北，四方偏遠的地區也都知道了天子的威望。

　　大禹用了十三年的時間來治水，在此期間，他未曾踏進家門一步，就連兒子啟出生時他也沒有回去看一眼，以至於後來他回家見到啟的時候，啟已經是十三歲的小夥子了。大禹治水的功績以及為天下鞠躬盡瘁的精神，贏得了人們的愛戴。為了表彰大禹的功勞，舜賜給他一塊代表水色的黑色圭玉，以此為證說明治水成功，天下又重新安定下來。

舜帝禪位大禹

大禹治水有功，舜帝就把他留在身邊輔佐朝政。一天，舜帝將大禹、伯夷、皋陶召集到一塊問政。皋陶首先說：「要團結有才能的人，要按照道德準則辦事。」

大禹覺得此話很有道理，就問他怎樣才能做到這一點。

皋陶說：「首先要有長遠的目標，注意自身的修養，平常要注意團結親屬，吸引有才幹的人。從自己身邊做起，然後再由近及遠。」

大禹覺得這話說得也很有道理，就對皋陶行了拜謝禮。

皋陶對大禹說：「你還要瞭解你所重用的人，只有他們踏實辦事了，才能安撫四方百姓。」

大禹回答說：「你這話說得雖然很有道理，不過比較難以做到，恐怕連聖明的堯帝都很難實現啊！瞭解他人需要明智，只有這樣才能給人安排合適的職位；安撫民眾需要仁德，只有這樣百姓才會擁戴。如果既明智又仁德，那就不用擔心兜這樣的壞人了，那也用不著流放三苗那樣的叛亂者，更不必擔心只懂得花言巧語阿諛諂媚的小人了。」

皋陶贊同說：「的確是這樣。考查一個人行為和言論，要考查他的九種品德。這九種品德分別是：做事威嚴又不乏寬厚，態度堅定又不乏溫和，誠實而又不乏恭敬，有才能而又不乏小心謹慎，善良而又不乏剛毅，正直而又不乏和氣，平易而又不乏棱角，果斷而又講求實效，強有力而又講道理。如果有同時具備這九德的人，他們就是善士呀，就要好好重用。一個人如果每天能有三種品德，就應該賜予他卿大夫的采邑；一個人如果每天能有六種品德，就應該賜予他諸侯的封國；一個人如果每天能有九種品德，就應該賜予他官職。如果他不適合自己的官職，就讓上天用五種刑罰來懲罰他。我講的這些方法，大家覺得能行得通嗎？」

　　大禹對此表示贊同，他說：「如果按照你說的做，肯定會有不錯的成績。」

　　皋陶說：「我才能有限，只是提出一些小小的建議罷了，只是希望對治理國家有所幫助。」

　　舜這時候對大禹說：「你也說說自己有什麼意見吧！」

　　大禹對舜施了一個拜禮，然後說：「我沒有什麼可說的，我只是想每天兢兢業業地為百姓做事而已。」

　　皋陶就問他：「怎樣才叫『兢兢業業地為百姓做事』？」

　　大禹說：「當年我治理水患的時候，洪水滔天，高山、丘陵都被洪水包圍了，百姓的生活面臨危險。為了徹底平息水患，我架上車行走在陸地上，乘著船行走在水中，乘著木橇行走在泥沼中，穿著帶齒

的鞋行走在山路上，翻山越嶺，終於成功地用木椿在山上做了標誌。然後又統一規劃整個地形，才想出了治水的好方法。我帶領大家疏導了九條河道，將洪水引入大海，將田間溝渠引入河道，這才徹底消除了水患。後來益又幫助我送給百姓稻糧和新鮮的肉食，稷又幫助我將糧食賑濟給災民。當有地區糧食不夠吃的時候，我們又將糧食從較多的地區調集到糧食不足的地區，或者將災民遷往有糧食的地區居住。這樣，百姓的生活就安定了下來，各諸侯國也因此相安無事。」

皋陶贊道：「這些都是你的貢獻啊！」

大禹對舜說：「帝啊，您身處天子之位，做事應該小心謹慎，處理國家大事要認真負責，選拔人才要得當。只有這樣才會得到百姓的擁護，得到上天的庇祐。」

舜帝說：「的確如此啊！你們都是我的股肱之臣，要幫助我治理好天下啊。如果我有哪裡做得不對，你們一定要糾正我。不要當面奉承我，背後又指責我。我對你們這些輔政大臣是敬重的，至於那些喜歡搬弄是非的臣子，我一定會將他們清除出去。」

大禹說：「的確應該如此。明辨是非了，就能成就大事業。」

舜帝對大家說：「你們可不要效仿丹朱，他既驕橫又懶惰，終日做些荒唐的事，在陸地上開船，聚眾在家裡淫亂。如此惡行，以至於失去了繼成帝位的機會，我是絕對不能任由他這樣胡作非為下去的。」

大禹說：「不付出努力就沒有收穫。我接替治水工作的時候，剛

剛娶了涂山氏之女，新婚才三天就離開家，出來治水。後來妻子生下啟，我也沒有養育過他，直到平息水患我才能盡父親的責任。後來我又幫助帝制定了五服制度，又將天下劃分為九州，這樣帝的國土就一直開闢到四方荒遠的邊境，每個地區都設置有諸侯國，每五個諸侯國中有一個首領。所有諸侯國首領都恪盡職守，只有三苗人不肯順服，恐怕將要不利於國家，希望您能注意一下。」

舜說：「我用德來教導他們。教化民眾，這是大家的功勞啊！」

舜敬重大禹治水的功績，於是號召百姓都向大禹學習。如果有誰不遵守法度，就按律處罰。經過努力，諸侯之間都能彼此禮讓、和平共處了，民眾們又學習諸侯，彼此之間也不再發生矛盾，大家都能和平共處，舜的德教因此發揮得很好，舜的威名遠播四海。

後來，舜將帝位禪讓給大禹。十七年之後，舜去世，大禹服喪三年之後，將帝位傳給舜的兒子商均，自己躲到陽城隱居了。天下諸侯和百姓不朝拜商均，仍舊朝拜大禹。大禹被迫重新出山，正式繼承了帝位，並建立了國家，國號為夏，國姓姒氏。

夏朝的興衰

　　大禹繼位之後，曾將皋陶作為帝位的下一個繼承人，但皋陶還沒來得及繼任就死了。後來大禹又將伯益作為帝位的下一個繼承人，並將國政交給他掌管。十年之後，大禹到東方視察工作，並彙聚江南各諸侯，不幸在達苗山逝世，葬在當地。後人將埋葬禹的達苗山改名為會稽山，會稽就是會合考核的意思。

　　雖然大禹將天下交給了伯益掌管，但伯益輔佐朝政的時間不長，到大禹死的時候，很多人都不服從他。於是大禹的兒子夏啟就號召這些不服者與伯益展開全力爭鬥，殺死了伯益，夏啟自己繼承了帝位。

　　夏啟稱帝之後，有扈氏不肯歸屬他，於是夏啟率兵前去征討他，雙方在甘地大戰一場，結果有扈氏被消滅了。其它諸侯國一看反對夏啟沒有好下場，紛紛表示歸附，夏啟這才坐穩帝位。夏啟在位期間，國家安定，天下從此太平。

　　夏啟晚年的時候，開始疏於朝政，終日飲酒、打獵、歌舞，使得夏王朝內部發生動亂。首先是夏啟的另外五個兒子與太康爭奪帝位，後來又發生了武觀叛亂，國家已經岌岌可危。不久夏啟死去，他的兒子太康就在動亂中繼承了帝位。

太康與晚年的夏啟一樣，也是不管朝政，終日沉湎於酒色之中，夏王朝內部的動亂更嚴重，一些諸侯國趁機搗亂起來。其中有一個東夷族有窮氏，它的首領后羿看到夏王朝正處於一片混亂之中，就趁太康出去狩獵並且一百天沒有回朝的時候，攻克了夏朝的國都，掌握了夏朝的政權，自己當了天子。

后羿也不是一個好統治者，他自恃有強大的武力做後盾，仍舊不理朝政，終日狩獵、遊樂，政事傍落到大臣寒浞手中。後來寒浞勾結后羿的家臣，殺死了后羿，獲得了夏朝的統治權。

且說太康失國之後，太康與弟弟仲康逃往東方，不久太康死去，仲康繼承了帝位。仲康兵力弱，當了后羿的傀儡。仲康的兒子相因為不堪迫害，逃到斟灌氏和斟氏那裡，但後來被寒浞所滅。相被殺的時候，他的妻子後緡正懷孕，後緡從牆洞中逃出，逃到母家有仍氏，生下兒子少康。

與父輩們相比，少康是一個比較爭氣的人。他從小聰明過人，長大之後就在有仍氏當了一名牧正，掌管著五百餘人，管轄方圓十里的地盤。少康從來沒有忘記過自己才是夏王朝的正統繼承者，所以借助牧正這一職，在從事農業生產的同時還積極練兵，時刻尋找機會對抗澆（寒浞的兒子，此時寒浞已死），復興夏王朝的政權。

澆知道少康的圖謀，終年四處追殺他。少康後來逃到有虞，有虞的君主虞思將少康任命為庖正，並為他娶了兩個妻子，賜予他封地綸邑。少康在綸邑重新有了自己的封地和百姓，然後他在此基礎上四處招募夏朝的遺民，不斷壯大自己的力量，為光復夏王朝的政權做準備。

在此期間，少康也不是一味地壯大兵力，他也很關心農業生產，與百姓一起耕耘、狩獵，深受百姓愛戴。他還經常為大家講述先祖夏禹的故事，鼓勵大家光大先祖的功業，號召人們為光復大禹的事業而努力。有些夏朝的官吏和其它受到寒浞父子迫害的夏族人知道少康的作為之後，紛紛前來歸附他。這樣，少康的力量不但越來越大，而且也越來越得民心，他終於決定與寒浞大戰一場了。

少康首先派一名女性將領女艾喬裝打扮潛入澆的統治中心，又派遣兒子季杼率兵攻打澆其中一支軍隊，季杼成功俘獲了這支軍隊的首領戈豕壹並斬首示眾。因為首戰告捷，少康就趁機從綸起兵，對寒浞大舉進攻。大軍順利地攻進了澆的巢穴，澆曾經負隅抵抗，但終不敵夏軍，被少康捉住殺死。少康乘勝追擊澆的殘餘勢力，徹底消滅了有窮氏。

接著，少康稱帝，恢復了夏王朝的統治。少康執政之後，吸取父輩們的教訓，積極施政，採取了很多有利國家社稷的措施，社會得到繁榮發展，形成「少康中興」的大好局面。在對外方面，少康吸取有窮氏的教訓，與東夷搞好關係，避免再度發生外夷篡位的事情。

少康死後，他的兒子帝予繼位，國家太平。帝予死後，帝予的兒子帝槐繼位。後來帝槐傳兒子帝芒，帝芒傳兒子帝泄，帝泄傳兒子帝不降，帝不降傳弟弟帝扃，帝扃傳兒子帝廑，帝廑傳帝不降的兒子帝孔甲。

帝孔甲迷信鬼神，在他統治期間，做了一些淫亂的事，夏王朝的威望逐漸降低，有些諸侯已經背叛了夏朝。這時候上天派兩條神龍下

凡，孔甲不知道怎樣餵養這兩條神龍，又沒找到飼養它們的合適人選。此時陶唐氏的一個後代劉累，因為曾跟隨養龍人學習馴龍，便來到孔甲面前侍奉他。孔甲賜給他姓御龍氏，並將豕韋氏後代的封地賜予他。後來，死了一條龍，劉累就偷偷將這條龍做成肉醬，進獻給孔甲吃。孔甲覺得很好吃，又派人向劉累要肉醬。劉累害怕了，就遷往魯縣。

孔甲死後，他的兒子帝皋繼位，帝皋傳兒子帝發，帝發傳兒子帝履癸。帝履癸就是夏桀。

夏桀是一位殘暴的君主，對內，他實施殘酷的統治，對外他濫施征伐。他即位後的第三十三年，發兵征討有施氏。有施氏投降，不但送給夏朝很多珠寶，還從民間挑選了許多美女。這眾多美女中，有一個叫做妹喜的女子，非常美麗，夏桀很喜歡她，大喜過望的夏桀立刻班師回朝。

為了討好妹喜，夏桀建造了一座華麗的宮殿，耗費了大量人力物力。為了避免妹喜思念家鄉，夏桀還按照有施國的房屋樣式為妹喜建造了一些民舍。從此，夏桀徹底放下了朝政，終日陪著妹喜玩樂。為了滿足奢華生活的需要，夏桀無休止地狂徵暴斂，百姓對他的暴政怨聲載道。

於是，一個部落首領商湯起兵，討伐夏桀。由於夏桀連年用武，兵力衰退，加上民心背向，夏桀戰敗，他帶領妹喜一起渡江逃到南巢（今安徽省巢縣東南），不久死去。商湯登上了天子之位，建立了商朝，夏朝滅亡。

殷本紀

成湯滅夏

　　黃帝的曾孫帝嚳管理朝政時，娶了一個次妃簡狄，她是有娀部落的人。一天，簡狄到河邊洗澡，看見正在天空飛翔的燕子突然掉下一個蛋，簡狄就撿了這個蛋吞吃了，沒想到卻因此而懷孕，生下兒子契。

　　契長大後，正直大禹治水的時候，契因為參與治水有功，被舜重用。舜說：「現在的百姓之間互相都不親愛，五倫的關係也不是很好，我任命你當司徒。你要向大家宣揚和睦相處的好處，讓百姓明白這個道理，讓大家彼此寬容和友善。」契受命之後，盡心盡力做事，取得了不錯的成效，舜很高興，就把商地封賞給了他，並賜予他姓氏「子」。

　　契在自己的封地，無論是堯統治時期，還是舜或禹統治時期，都為百姓做了很多好事，贏得百姓的愛戴，商地和諧安定。契死後，他的兒子昭明繼承了他的位置，此後代代相傳，直到第十四代傳到成湯。在此前，商曾八次遷都，到了成湯時，商人才定居於亳，成湯因此著文《帝誥》。此時商也發展成為一方諸侯之長，勢力頗大，被夏王朝受命有權征討鄰近的不守法度的諸侯。

當時的人們很看重祭祀。有一個叫做葛伯的諸侯卻不信這一套，他在自己封地廢除了祭祀禮儀，還將祭祀用的牛羊給吃掉了。成湯認為他不遵守法度，於是就派兵去討伐他。成湯還說：「人在水面前就可以看出自己的樣貌，看一看百姓的反映就知道國家治理的好壞。葛伯不聽從天命，違反法度，我要加倍懲罰他。」成湯的臣子伊尹讚賞道：「你真是一位英明的君主啊。你體諒百姓，肯聽忠言，一定會有德才兼備的人來輔佐你，我們的國家也會越來越強盛。」

　　成湯的確是一位能服眾的君主。有一次，他外出巡視，在郊野一個樹木茂盛的林子裡看見一個獵人正在東南西北四個方向張掛捕捉飛鳥的網。網已經張掛好了，獵人跪在地上說：「願上天保祐我，願天上飛的、地上跑的、四面八方來的，都到我的網中來吧！」成湯聽了之後，對獵人說：「你這樣子怎麼行呢？禽獸都被消滅完了，別的獵人還怎麼打獵呢？以後我們的子孫後代還能打來什麼呢？」遂命人撤去三面網，說：「想往左邊飛的就往左邊飛，想向右邊逃的就向右邊逃，不肯逃走的，就進網中吧！」然後他對獵人說：「對待鳥獸要有仁愛之心，我們捕殺一部分，不要將它們趕盡殺絕。」成湯「網開三面」的故事很快被其它諸侯知道了，大家都誇他是一個仁德的君主，很欽慕他。

　　與此同時，夏桀殘暴不堪，寵愛妺喜，不理朝政，百姓非常不滿，諸侯昆吾氏趁機作亂。在這種形勢下，成湯先率兵討伐諸侯昆吾氏，又轉而攻打暴君夏桀。在攻打夏桀之前，為了鼓舞士氣，成湯發表了《湯誓》，一一列舉夏桀的罪行，說夏桀犯了天怒，自己要代表上天去懲罰他。當時人們還沒有攻打君主的膽氣，成湯就鼓舞大家

說：「夏桀作惡多端，不體恤百姓，引起眾怒，夏桀的百姓們都說：『他什麼時候才能滅亡呢？我們願意與他一起滅亡。』百姓對夏桀已經憤恨到這種程度了，由此可見夏王朝已經完全失去了民心。我們現在去討伐他，既是天道，也是在拯救百姓。現在我希望你們與我一起代替上天懲罰他，聽從我命令的人，我會重重獎賞。如果誰違抗了我的旨意，我就會毫不手軟地懲罰他，我說到做到！」一時間軍心大振。成湯認為自己起兵討伐是一種非常勇武的行為，因此自稱武王。

成湯與夏桀在有娀氏部落的廢墟上發生戰爭，夏桀戰敗，倉皇逃跑到南巢（今安徽省巢縣東南）。成湯乘勝追擊，打敗了很多夏桀的諸侯國，獲得了許多珍寶，於是命人寫《典寶》一文，表示這是國家的固定財富。然後讓伊尹公佈了自己的戰績，從此天下的諸侯都聽命於他。夏桀逃走後不久去世，成湯取代夏朝，建立殷商。成湯在軍隊返回的途中命大臣中礨宣佈廢除了夏的政令，回到國都後制定了《湯誥》，將它作為殷商政令。

《湯誥》曰：「武王我自到東郊向諸侯宣佈大事，號召大家建立對百姓有益的事業，每個人都要履行自己的職責，否則我會予以嚴屬地懲罰。從前大禹和皋陶為百姓做事很盡心，因此為大家創造了良好的生活環境，人們才得以安居樂業。他們從前治好了長江、濟河、黃河、淮河四條河，平息了水患，幫助人們安定下來，后稷又教大家播種五穀，民眾從此不再飢餓。這三位賢人因為做了對人們有益的事，人們因此都聽命於他們，他們的後代因此能建立國家。蚩尤和他的臣子們發生暴亂，因此得到不好的下場。因此，誰如果做出不利國家和社稷的事，就不准再回來當諸侯，到時候你們不要怨恨我。」諸侯聽

到成湯的告誡之後，不敢有任何越軌的行為。

　　成湯執政之後，又修改了立法，將夏曆寅月作為歲首的習慣改丑月為歲首，同時宣佈白色為器物服飾的尊貴顏色，規定眾大臣每天舉行朝會。大臣伊尹作了《咸有一德》說明君臣之間應該遵守的道德，大臣咎單作了《明居》說明君主之間應該遵守的法則，這些都成為成湯治理天下的依據。

千古名相伊尹

伊尹是輔佐成湯的重臣。他的母親在伊水居住，因此他姓伊，名摯，生於有莘國的空桑潤（今洛陽市嵩縣莘樂溝）。

伊尹從小胸懷大志，無奈家境貧寒，成年後流浪到有莘國，成為有莘國國君的廚師。有莘國國君認為他是一個人才，於是就想提拔他為近臣。無奈伊尹的身份太低微了，只好將伊尹提拔為廚房的官吏。

不久，有莘國的國君要嫁女兒，女婿是商國的國君成湯。伊尹早就聽說了成湯的威望，很想投奔他，於是對有莘國國君表達了自己的意思。有莘國國君知道伊尹是一個賢能的人，自己的國家小，讓他留下來太屈才了，於是就讓他作為公主的陪嫁到商國。

伊尹陪嫁到商國之後，轉眼幾個月過去了，伊尹卻始終沒有找到機會向成湯展示自己的才幹。直到有一天，已經貴為商國王后的有莘氏吩咐伊尹為成湯做一份湯，伊尹知道機會來了。於是他就做了一鍋粥，用鼎盛好，端給成湯喝。成湯喝了幾口之後，感覺這湯的味道很奇怪，於是就問伊尹這是何物。

伊尹回答說：「這是憂國憂民羹。」

成湯大奇：「何謂憂國憂民羹？」

伊尹不慌不忙地回答道：「陛下您請看。這鼎表面上非常堅硬，但實際上它已經存在了八百年之久了，這就好比夏國，這就是『憂國』。此羹用蓮子、紅小豆、紅糖、白醋、辣椒、鹽等物熬製而成，初喝的時候甜，但不久就會覺得苦，再喝會覺得酸甜苦辣。羹中的蓮子在鍋裡翻滾沸騰，就像『民』，民在熱湯裡上下翻滾，民在羹裡沸騰掙扎。蓮心是苦的，這可以稱作『憂民』。因此此羹名曰『憂國憂民羹』。」

成湯聽完伊尹的解說，非常讚賞他，對這樣一個胸懷大志的廚師不禁肅然起敬。於是他趕忙將伊尹請上座，對他說：「這也正是我憂慮的事啊，請你坐下來詳細為我解說一下吧，我該怎樣做呢？」伊尹看成湯是一個很有誠意的君主，於是毫不推辭地坐了下來，給成湯講述治理國家的事情。君臣二人從堯舜之禮講到治國之策，從治國之策講到天下局勢，一連講了三天三夜，晚上抵足而眠，不肯休息。成湯這才知道，天底下竟然有這樣的人才，恐怕此後自己能否成就一番大事業就在此人身上了，於是就免去成湯的奴隸身份，升他為右相，時時向他請教治理國家的方法。

伊尹成為右相之後，幫助成湯制定了一系列富國強兵的國策，輔佐成湯發展農業，鑄造兵器，訓練軍隊，商國很快成為諸侯國中的大國。其它鄰國看到商國的強大，紛紛前來擁護他，成湯成為諸侯國中的老大。伊尹感到夏國一天比一天衰弱，認為夏國必亡，於是勸說成湯反夏。

與此同時，夏桀也發現了商國的強大，心中擔憂它會給自己造成威脅，於是聽信佞臣趙梁的詭計，假意將成湯騙到朝堂，扣押了他，將他囚禁在夏臺。商國聽到這個消息，舉國上下都很為國君擔憂。伊尹知道夏桀好色，於是派人送去很多的美女和珠寶，並暗中賄賂近臣趙梁為成湯說好話，成湯這才有驚無險地回到了自己的國家。

　　成湯回來之後，聽從伊尹的建議，首先滅了葛國，趁勢吞併夏國的十幾個小屬國和部落，建立起以亳邑為中心、方圓達數百里的根據地。此時的夏桀仍舊荒淫無道，推行殘暴統治，天下很多諸侯國都不滿他。伊尹覺得時機成熟了，於是就勸說成湯發兵攻打夏國。

　　夏國早已經衰弱不堪了，因此成湯剛一攻打，夏兵就敗退，還有一些軍隊臨陣嘩變，商軍因此很快逼近夏國的都城，雙方最終在鳴條（今河南開封丘東）展開決戰。夏兵不願為夏桀賣命，在成湯「討伐暴君，為民除害」的旗號下，一擊即潰，夏桀大敗，只好帶著妹喜逃出重圍，一直逃到南巢（今安徽省巢縣東南），不久死在那裡。

　　成湯取代夏桀，建立了商王朝，伊尹被賜予封地。然後，伊尹輔佐成湯制定了許多國家制度，為新生國家的穩定立下了汗馬功勞。他尤其勸導成湯要吸取夏朝滅亡的教訓，要發展農業生產，愛護百姓。商朝在伊尹的治理下，政治安定下來，經濟持續發展。

　　成湯死後，伊尹又先後輔佐成湯的三個後代丙、仲壬、太甲。其中太甲初繼位後，不願聽伊尹關於怎樣當一個好國君的建議，多次一意孤行，做出危害國家的事。伊尹從國家的大局出發，將太甲送到成湯墓附近的桐宮桑林裡面壁思過，自己暫代國政。太甲在桐宮裡反思

了三年，終於意識到自己的錯誤，非常慚愧。伊尹聽說太甲已經轉變了，於是又親自帶著天子的王冠到桐宮將太甲迎回商朝國都，再次擁立他登上天子之位。太甲果真徹底轉變，他變得勤政愛民，一切都按照規章制度辦事，不再為所欲為，商朝在他的治理下重新恢復了繁榮，各諸侯國又都來朝拜，天下大治。

伊尹活了一百多歲，任商朝相國二十年，為商王朝的長久繁榮打下了堅實的基礎。

盤庚遷殷與武丁中興

　　成湯建立商王朝之後，商王朝在歷代君主的手中又經歷了三百多年的風風雨雨，到了第二十位國君、商湯的第九代孫盤庚時，發生了一件大事。

　　商朝王位的傳承順序是，兄終弟及，即哥哥死了弟弟繼承王位，因此常發生叔叔與侄兒爭奪王位的事。因此，國家雖然大體穩定，但王室時有混亂發生，逐漸導致了商朝國力的衰退，一些諸侯開始不受控制，不再來朝拜天子。

　　盤庚繼位時，國都在黃河以北的奄地定都。為了改變王朝不穩定的局面，盤庚決定渡過黃河，將都城定在黃河以南的亳，即成湯的故居。

　　然而從成湯到盤庚，商朝這已經是第五次遷都了，國都一直沒有在某個地方安定下來，因此人們都很不情願再遷都了。大多數貴族由於貪圖安逸，也不願意再搬遷，他們趁機煽動平民反對遷都，局勢一度混亂起來。

　　盤庚是一個很有才幹的君主，面對強大的反對勢力，他絲毫沒有退讓，反而耐心地勸說大家遷都。

盤庚對眾大臣說：「從前成湯與你們的祖輩們打天下，我們應該遵守他們傳下來的法則和制度。如果我們不推行他們的制度，怎麼能繼承和光大他們的事業呢？」仍然有一些頑固貴族不同意搬遷，盤庚就將這些人召集在一起，對他們說：「我們搬遷的目的是為了國家穩定，你們不能體諒我的苦心，還煽動大家鬧事，試圖迫使我放下遷都的決心。我告訴你們，這是不可能的。你們違背天子的命令，你們的祖先也不會再庇祐你們，他們會祈求上天懲罰你們，到時候就別怪我了。」

　　在盤庚的苦口婆心及軟硬兼施下，反對遷都的貴族最終妥協，盤庚於是帶著商民族，渡過黃河，將國都遷移到殷（今河南安陽小屯村）。定下新國都之後，盤庚整頓吏治，消除不利於穩定的因素，商朝的政治局勢又逐漸好轉起來，商朝重新恢復了興盛，諸侯們又紛紛前來朝拜了。此後兩百多年，商朝國都一直在殷，因此商朝也被稱作「殷商」。

　　盤庚死後，他的弟弟小辛帝繼位。小辛帝在位時，商朝國勢又有所衰弱，百姓們懷念盤庚在世時的盛況，於是作文《盤庚》三篇。小辛帝死後，小辛帝的弟弟小乙帝繼位，小乙帝後來將王位傳給兒子武丁。

　　武丁繼位之前，他曾經在民間跟奴隸和平民生活過很長時間，因此對民間疾苦很瞭解，在從事農耕生活的同時，也留心國事，訪賢求才。他曾經在傅岩這個地方參加過勞動，認識了一位叫做「說」的奴隸，從「說」的言談舉止中，武丁認為他是一個很有才能的人。

武丁初繼位時，商朝已經衰落到岌岌可危的地步了。武丁是一個很有抱負的君主，他很想改變這種局面，但一直沒有找到像伊尹那樣有才能的輔政大臣，於是就三年沒說一句話，不肯出來主持朝政。直到大臣們再三邀請，他才說自己缺乏人才，並說自己夢見先王為自己推薦了一個人，讓重臣按照夢中人的模樣尋找。人們按照武丁所描述的畫像，在傅岩找到了「說」。當時傅說正在修葺城牆呢，於是武丁就將傅說請到身邊來拜為宰相。

　　傅說主持朝政之後，為武丁提出很多治理國家的良好建議。而武丁在這三年不說話的過程中，冷眼旁觀大臣們的一舉一動，對那些為非作歹、貪污腐敗的事洞若光火。現在他決定主持朝政了，就按照傅說的建議，對這些違反法度的人予以懲處，朝綱頓時變得清明起來。然後，武丁按照傅說的建議，既發展農業生產，又注意發展冶煉青銅等手工業，天下因此出現了許多製陶、製骨、鑄銅和加工玉器的手工業作坊，商朝出現前所未有的繁榮。

　　在一次祭祀先祖的時候，一隻野雞飛到祭祀用的大鼎上鳴叫起來，武丁擔心這是凶兆。大臣祖己就對他說：「大王不必擔憂，處理好國家大事再說。」武丁仍舊不放心。祖己就對他說：「上天賜福還是降罪，所看的是天下的百姓是否遵守道義。人的壽命有長有短，壽短的人不一定是上天降罪；但是沒有道義而又不知道悔改的人，上天肯定會降罪的。現在大王您一心為天下做事，沒有做出違反道義的事，您還擔心什麼呢？」武丁覺得這些話很有道理，於是不再擔憂，像以往一樣盡心治理國家，商朝更加繁榮。

武丁死後，他的兒子祖庚即位。祖庚帝作文《高宗肜日》和《高宗之訓》讚頌武丁的德政和他重新復興商朝的壯舉，為他立廟，武丁就是「高宗」。

荒淫殘暴的商紂王

　　商朝又繼續往下傳承，傳到乙帝的時候，商王朝又出現了新的局面。

　　乙帝有兩個兒子，長子微子啟和次子辛。微子啟的母親地位低賤，因此他沒有資格繼承帝位；次子辛的母親是正王后，他因此被立為新的繼承人。乙帝去世後，辛繼位，辛帝就是後來赫赫有名的商紂王。

　　辛帝天資聰明，才智過人，能言善辨，動作敏捷，力大無比，敢赤手空拳與猛獸搏鬥，頗有傑出君主的素質，因此他不免有些驕傲。他繼位的時候已經三十幾歲了，此時商朝已經開國六百餘年了，國家依舊很繁榮，老百姓安居樂業。面對這麼強盛的國家，加上出色的個人素質，辛帝很想有一番作為，於是舉國之力向東南方發展，征服了土地肥沃的人方部族（今日的淮河流域）。後來，他又征服了有蘇部落，商朝的疆域前所未有的廣闊，商朝的國威遠播，辛帝的威名遠揚。

　　此時的辛帝已經六十多歲了，但征服有蘇部落卻讓他獲得了一個尤物——妲己。自視甚高的辛帝看到美麗的妲己之後，雖然已經垂垂

老矣，但覺得自己又重新燃起了青春之火，從此，戎馬一生將商王朝治理到鼎盛的辛帝，開始忘記天子之責，不理朝政，投入聲色犬馬之中。

為了討好妲己，辛帝讓樂師涓製作了新的樂曲，終日遊樂。為了維持奢華的生活，他加重賦稅，將財富都堆擠到鹿臺給妲己玩樂。他還從全國各地搜集糧食、狗馬和新奇的玩物，將它們都堆積到宮室，還擴建沙丘的園林樓臺，捕捉大量飛禽走獸，將自己的宮殿建成一個天然的遊樂場所。他自視甚高，恃才傲物，不再祭拜祖先和鬼神，還荒唐地將酒當做池水，將肉懸掛起來當做樹林，讓很多美女赤身裸體地居住在「酒池肉林」，自己在這裡通宵達旦地玩樂。

商朝雖然強大，但國君現在卻變得荒淫無道起來，百姓都怨恨他，有些膽大的諸侯也不再來朝拜他了。於是辛帝就採取嚴苛的手段懲罰那些不臣服自己、對自己有意見的人。他發明了一種叫做炮烙的酷刑，在銅柱上塗滿油，下面點燃炭火，讓不臣服自己的人在銅柱上爬行，最後爬行的人慘叫著被燒死，辛帝卻為之大樂。辛帝的三公之一九侯，將自己美麗的女兒獻給辛帝，但這個女兒卻討厭做出淫蕩的舉止，辛帝大怒，不但殺了她，還將她的父親九侯剁成肉醬。大臣鄂侯看不慣辛帝的所作所為，就盡力勸諫他，結果也惹怒了他，辛帝將他製成肉乾。

對於辛帝的暴行，一些老資格的大臣更看不下去了。王叔比干多次勸說他，但辛帝不聽，礙於比干是叔叔，又有才能，因此沒有殺他。丞相商容德高望重，他勸說辛帝，辛帝罷免了他。辛帝的庶兄微子也多次勸諫辛帝，辛帝依舊不聽，微子就逃出殷國。

人們也勸說比干離開，比干說：「身為臣子，不能不勸導國君走上正道。」仍舊極力勸諫辛帝。辛帝被聒噪得大怒，對比干說：「我聽說賢德的人心有七個孔，王叔既然如此賢德，本王想看看你的心是否如此。」於是命令人剖開比干的胸膛，將他的心挖出來。

　　辛帝的另一個叔叔箕子看到比干被殘忍地殺害，心中害怕，就假裝瘋了，主動給人當奴隸。辛帝知道後，將箕子幽禁起來。商朝的其它賢臣，如太師、少師看到辛帝對自己的親叔叔都毫不留情，不敢再說什麼，紛紛逃離。

　　就在辛帝將商朝搞得烏煙瘴氣時，陝西渭水流域的周部落逐漸發展起來。周民族是后稷的後裔，周民族的部落首領一直在慢慢東遷，辛帝統治的時代，正是周民族首領姬昌統治時代。

　　姬昌是一位賢德的部落首領，他在周民族內實行仁政，部落勢力日漸強盛，臨近的幾個部落都很信服他，如果發生什麼事情，都會找姬昌裁決。周民族的勢力因此不斷東遷，直至將觸角伸向商都朝歌。

　　姬昌的長子伯邑考前往商都朝覲辛帝時，被妲己的美色所吸引，竟然膽大包天地追求妲己，因而觸怒辛帝。辛帝將伯邑考剁成肉醬，命人將姬昌囚禁在安里，將伯邑考的肉醬送給姬昌吃。姬昌被囚禁了數年，周民族的臣子向辛帝行賄，姬昌才被放回周國。從此，周與辛帝結仇。

　　周的強大是商朝臣子們都知道的事情，辛帝的荒淫無道也有目共睹，於是商朝的臣子們有意無意地將重心放在東南一帶的廣大地區，

忽略了西北地方日趨強盛的周民族。姬昌很快便吞併了涇、渭平原上的密須、阮等部落，並越過黃河，征服黎、刊等部落，黃河以南的虞、芮等部落也主動歸附，周人趁機將都城由歧地遷到渭南的豐邑（今陝西鄠縣）。至此，周的勢力已經發展到商朝的中心地區，對商逐漸形成包圍之勢。

周一面發展生產，一面整軍備戰，並大力宣傳辛帝的暴虐，將妲己宣傳成為一個蛇蠍美人、妖孽，將辛帝說成一個不體恤民情、「唯婦言是用」的暴君。周與商王朝的矛盾日趨尖銳。

不久，姬昌去世，他的次子姬發繼位，他的第四個兒子姬旦（周公）輔佐。周人在他們的帶領下，一邊積極備戰，一邊離間商朝君臣，同時又號召天下諸侯起來反對辛帝。為了表明自己是上承天意，姬發自封為周武王，追封死去的父親姬昌為周文王，並將辛帝貶為商紂王，然後列出商紂王（辛帝）的十大罪狀，召集天下諸侯，共同伐商。

商紂王的臣子和將領早已經被殘害殆盡，唯有他的哥哥微子衍還能率領一支軍隊，將周武王的聯軍拒於朝歌以外四十里的牧野（今河南汲縣）。周看到商軍陣容整齊，裝備精良，原本有些擔心，不料這支軍隊是由東南靈人組成，他們一夜之間發生嘩變，周軍不費吹灰之力就打退了這支軍隊，大軍長驅直入，兵臨朝歌城下。商紂王見大勢已去，在鹿臺自焚。

周武王登上商朝的國都，將紂王的人頭砍下示威，又處死了妲己，釋放了被囚禁的微子，修葺了比干的墳墓，此舉贏得商朝遺民的

擁護。紂王的兒子武庚，周武王讓他繼續延續商朝的祭祀，並讓他繼續推行前輩盤庚的德政。殷商遺民對周武王的大度非常感激，承認他的天子地位，於是周代替殷商，成為天下新的統治者。

因為紂王的胡作非為由來已久，所以在周武王貶低他為「紂王」之前，後人都不再稱他為「辛帝」了，而改稱他為「紂王」，意思這是一位殘忍的王。

周本紀

農師后稷

黃帝的曾孫嚳帝有兩個妃子。次妃是簡狄，她生下兒子契，契成了殷的祖先。正妃姜源是有邰部落之女，她生下兒子稷，稷後來成了周民族的祖先。

姜源在生稷之前，在一次外出回來的路上，發現一塊濕地上有一個很大的腳印。她一時玩心頓起，將自己的腳放在這個腳印上，想與這個腳印重合在一起。沒想到她剛將自己的腳印與大腳印重合，就感覺到身體內產生振動。不久，她就發現自己懷孕了。

十個月之後，姜源生下一個男孩。大家都覺得這個男孩不吉利，於是就從姜原懷裡將男孩搶走，丟棄在一個小巷中。奇怪的是，路過小巷的牲畜，無論是牛還是馬，都繞著男孩走，不踩他。人們很奇怪，於是又將他拋棄在田野裡，試圖餓死他。沒想到，過往的雌性動物竟主動為這個小男孩哺乳。人們又將他扔到偏遠的森林裡，以為這下孩子準死了，但剛好一個樵夫出現救回了他。人們又將這個孩子放在寒冰上，企圖凍死他，結果天上飛來一群鳥，它們用自己的翅膀為小男孩保暖。

人們這才意識到，小男孩不是凡人，有天神庇祐，於是重新將他

抱回來送到姜源手中。姜源覺得有神庇祐自己的兒子，也決定好好撫養他，並為他取小名「棄」，表示他曾經遭受過拋棄。

棄從小就有遠大的志向，當他看到人們為了溫飽終日追逐動物、採摘果實時，就立志為大家尋找一種可固定食用的食物。經過反覆觀察、研究，他發現麥子、稻子、大豆、高粱以及各種瓜果每年到了一定的季節就會生長，於是就將這些植物的種子收集起來，種到自己開墾的田地裡。等果實成熟了，棄發現人工種植的比野生的味道好，於是就細心培育，並為此用木頭或石塊製造了簡單的勞動工具。

棄長大成人之後，在農業生產方面已經累積了豐富的經驗，人們都跑來向他學習種莊稼的方法。棄毫無保留地將自己的種植經驗傳授給人們，從此人們逐漸擺脫了狩獵、採集野果等遊獵生活，慢慢開始較為穩定的農耕生活。堯聽說棄的作為後，就聘請他為農師，指導百姓耕種，棄所掌握的知識因此服務了更多的人。

因為對農業方面的突出貢獻，舜執政之後，將棄選拔為農官，並將邰地（今陝西武功）封給他，賜予他姬姓。他從此叫做「后稷」，「后」表示君王諸侯，「稷」是農作物的意思，「后稷」就是指從事農業的農官（也有人說表明棄是百穀的皇帝）。

后稷死後，人們為了紀念他，將他葬都廣之野。這裡不但風景很美，據說天神上下往來的天梯就在附近，而且土地肥沃，各種農作物在這裡都長得很好，到了秋天收穫的季節，這裡還會出現百鳥朝鳳的奇觀。

后稷的兒子不窋後來繼承了后稷的事業，在西北一帶向民眾傳授農業知識。此後，后稷的後人世世代代從事農業生產。

　　到了夏朝孔甲時期，夏王朝敗落，后稷的後裔在商王朝的逼迫下向北遷徙，吸取了北邊帝族固有的農耕經驗和夏朝的井田制，創造了區田，農業生產更繁榮，勢力更大，此時他們開始被稱作「周民族」。商朝建立後，后稷的後裔公劉率領周民族人西遷到豳（今陝西旬邑縣西）。商朝後期，公劉的後裔古公亶父率領周民族人遷到岐山南的周原，建立城邑，這個部落正式稱為「周」。

周族的興起

　　后稷的兒子不窋在晚年遇到夏朝政治腐敗，農師被廢，天子不再鼓勵人們務工。不窋因此失去官職，就流浪到戎狄地區，繼續從事農業生產。他死後，他的孫子公劉成為了周族部落的首領。

　　公劉是一位非常能幹的首領，他從小就聽從爺爺不窋和父親鞠陶的教誨，牢記先祖后稷的遺訓，讓天下百姓吃飽飯。他繼位之後，繼續號召人民推廣農業生產，周人的農業技術越來越高超，開墾的土地也越來越多，周人的農耕面積也越來越大，周民族的生活也越來越好了。周圍部落的人看周民族生活得這麼好，紛紛前來投靠他，周民族的勢力越來越大。

　　公劉不僅重視農業生產，而且還帶領人們到秦嶺山區伐取木材，用來建造房屋和其它東西。周人不但不再挨餓，而且生活水準也逐漸提高，更多的人前來歸附他。

　　公劉晚年的時候，北面的犬戎不斷南侵，居住在邰地的周民族不斷受到騷擾。公劉經過一番考察，發現了一個更好的地方——豳（今陝西省旬邑縣和彬縣的交界處），於是就帶領周民族遷移到這裡，周民族於是安定下來。後來，公劉去世，他的兒子慶節繼位，慶節在豳地建立了國都。

自慶節之後，周民族又傳承了八代，到了古公亶父繼任為部落首領時，周民族受到葷粥戎的侵襲，再次遷徙，到了渭河流域岐山以南的周原地區，周民族再次安定下來。因地處周原，初具國家雛形，於是定國號為「周」，周民族才首次有了「周」的概念。

　　周原地區土地肥沃，物產豐富，灌溉條件很好，非常適合農業發展，因此周民族在這裡發展得很快。古公亶父幫助人們建造房屋，建築城池，國力迅速壯大。此時的周民族實力已經接近商朝。為了本民族利益的發展，古公亶父與地處中原的商朝建立起穩定的同盟關係，接受了商朝的禮儀和文化制度。

　　古公亶父有三個兒子：長子太伯，次子虞仲，小兒子季歷。古公亶父偏愛小兒子，有意立小兒子季歷為繼承人，於是長子、次子根據父親的旨意，逃亡荊蠻地區，紋身斷髮，表明自己不想當首領的志向，後來他們與當地的氏族融和，創造了吳國。

　　且說季歷繼承王位時，周和殷商的關係已經比較密切，季歷與商聯姻，還被商王文丁封為「牧師」，掌管畜牧。此時的商朝對於周的強大已經有所防範，因此二者雖然是姻親國，但也彼此猜測，互相敵對，甚至征伐。後來，為了維護商王朝的利益，商王文丁殺了季歷，商周就此結仇。

　　季歷死後，他的兒子姬昌繼位。由於周的國力仍不及殷商強大，所以姬昌依然向殷商稱臣，他被封為西伯侯。但殷商對周依舊不放心，商紂王一度囚禁姬昌，並殺了他的兒子伯邑考做成肉羹，逼迫姬昌吃下。周國人擔憂姬昌，於是四處搜尋珠寶、美女賄賂商紂王（辛帝），姬昌這才被放回來。

姬昌被釋放之後，對殷商警惕更重。他一方面在本國推行農業生產，另一方面制定法度，防止周民族的流徙，並注意加強外交，吸附一些小部落歸附周國，使周民族實力越來越強盛。然後，姬昌東伐黎、孟兩個諸侯國，向南伐崇，將勢力伸到商朝勢力範圍，形成「三分天下有其二」，然後遷都豐（今陝西長安縣灃河西岸），做好了滅商的準備。

西伯侯姬昌

西伯侯姬昌是季歷的兒子，自幼天資聰明，深得季歷和古公亶父的喜愛。

西伯侯是西方諸侯之長的意思。當初，余吾戎、始呼戎和翳徒戎等諸侯國叛商，季歷帶兵征服，幫助商朝解除了危機，因此贏得商王太丁的讚譽，季歷被封為「西方諸侯之長」，簡稱「西伯」。後來周的勢力不斷壯大，威脅到殷商的統治，太丁便設計殺死了不聽話的季歷。季歷年幼的兒子姬昌繼位。

文丁死後，帝乙繼位。帝乙忙於與東夷作戰，擔心周國趁機叛亂，於是就讓姬昌襲封為西伯，位列「三公」，並將自己的妹妹嫁給姬昌，商周關係暫時緩和，周因為力量尚不能與殷商抗衡就繼續臣服殷商。

姬昌效仿父輩們在周國推行仁政，大力發展農業，制定了更合理的稅收制度和更有人情味的法度。同時。姬昌還禮賢下士，當時有名的能人散宜生、伯夷、叔齊、鬻熊、辛甲、閎夭、太顛等紛紛投奔他，這些人才為周的進一步強大起了重要作用。周在姬昌的治理下更加強大。

商紂王繼位後，自視甚高的商紂王對周的強大更不滿，而姬昌對於商紂王殘暴無道、殘殺忠良的行為也很不滿，商周矛盾加劇。佞臣瞭解商紂王的心思，於是在紂王面前進讒言，紂王便將姬昌囚禁在羑里數年。姬昌被囚禁後，沒有表示出任何對紂王不滿的意思，反而在牢裡潛心研究卦象，發明了「文王六十四卦」，創造了《周易》一書。紂王認為姬昌對自己沒有不臣之心，於是打算放了他，但還想再試試他。正在此時，姬昌的大兒子伯邑考來接姬昌回國，紂王就殺了伯邑考，將他的肉做成肉羹給姬昌吃。姬昌通過卜卦已經知道這就是兒子的肉，但強裝鎮定吃下了，吃完還誇肉羹美味。紂王得意地說：「大家都說姬昌是聖人，聖人怎麼可能吃了自己兒子的肉都不知道呢？我看他根本不是什麼聖人，對商朝也不會有什麼危害。」於是放鬆了對姬昌的監督。周國的臣子趁機為紂王送來了珠寶和美女，紂王很高興，收下美女和珠寶就將姬昌放了回去。姬昌臨走前，紂王還賞給他弓、矢、斧、鉞，授權他討伐其它不聽話的諸侯。

姬昌出獄之後，為了麻痺紂王，他將洛水以西的一大塊地方獻給紂王，只不過讓他廢除炮烙這一酷刑而已。紂王滿口答應了。炮烙之刑原本是紂王用來懲罰不聽話的人而發明的，姬昌提出這個交換條件，不但麻痺了紂王，而且收買了人心，得到很多諸侯國的讚賞和擁護。

商朝曾經殺了姬昌的父親，囚禁了姬昌本人，又殺害了姬昌的長子伯邑考，姬昌怎麼可能就此放下仇恨呢？況且商周如今已經基本形成勢均力敵之勢，到了一爭天下的時候了。不過姬昌是一位講仁義的君主，雖然他已經有了三分之二的土地，但表面上依舊臣服於紂王，

贏得天下諸侯的敬佩，很多國家甚至自動歸附周國，諸侯之間鬧矛盾了，也找姬昌而不找紂王來調和。此後，姬昌又借著紂王的授權，對一些不聽話的國家，如耆國、邘國征討，將勢力深入到殷商的腹地。而此時的商紂王正過著花天酒地、醉生夢死的生活，完全不顧商王朝只剩下一副空架子，也不再警惕周國的壯大。

後來，姬昌獲得了一個重要的人才——姜太公（呂尚）。姜太公早就聽說姬昌是一個禮賢下士的國君，於是就用一個直鉤懸掛著在渭水釣魚，藉以吸引姬昌。姬昌果然發現了姜太公，與他攀談了很久，發現姜太公是一個文武全通的難得人才，於是將他請回去，立為國師。姜太公為姬昌提供了許多治國良策，為周滅亡殷商起了巨大的作用。

而此時的紂王仍舊花天酒地，倒行逆施，連商王室的樂師大師、少師也不敢在商朝待下去了，轉而投奔岐周。姬昌認為滅亡殷商的時機到了，正準備發動一場大規模的戰役，但卻病逝了。臨終前，他囑託兒子姬發抓住時機發動滅商戰爭，給苟延殘喘的商朝致命一擊。

姬昌死後葬在畢（指陝西長安縣與咸陽之間渭水兩岸）。他雖然沒有直接參與滅商的戰爭，但他在位五十年，為姬發滅商建立周朝做了充分準備，掃清了一切障礙，使得許多諸侯都將姬發看做取代商紂的「受命之君」而臣服於他。姬昌以德興邦、以德安邦的做法也贏得後世人們的推崇，姬昌後來被姬發追封為周文王，他因此成為後代帝王的典範。

盟津觀兵

姬昌去世後，他的兒子姬發繼位，姬發就是周武王。武王任命姜太公為太師，弟弟周公旦為輔相，召公、畢公等人輔佐，繼續推行文王的德治，繼續沿用文王富國強兵的政策，時刻準備完成父親未盡的事業。

經過一年多的積極備戰，武王覺得周國的軍事實力已經差不多了，於是就與姜子牙商量滅商的事宜。然後，武王來到畢地文王的陵墓前，祭拜自己的父親，並將文王的牌位放到戰車上，親自率領周軍東進，不久就來到黃河南岸的盟津（今洛陽市孟津東北）。

到達盟津之後，武王和姜太公將軍隊帶到盟津渡口，然後將三軍召集起來，準備戰爭動員令。武王對三軍說：「周國的祖先對上天具有無量功德，因此上天命文王滅掉殘暴的殷商，拯救萬民於水火。不幸先王駕崩，自己才臨危受命，負責其滅商的重任。現在大家就要全力協助我共同完成先祖的遺命，上承天命，為國家建立功業！」軍隊檢閱完畢，姜太公發號施令，命眾將士準備好船槳，為渡河做準備。眾將士聽完都異常興奮，紛紛準備渡河。

這時候，四面八方突然熱鬧起來。原來，天下的百姓和各諸侯國

聽說周國要討伐殷商了，紛紛前來助威，不約而同趕來的諸侯國竟有八百個之多。武王得知天下人都支持自己討伐殷商，非常激動，於是當即跟大家定好盟約，約好大家在對紂王的戰鬥中齊心合力，然後大家就一起渡河。

周國舉國之力，加上八百個諸侯國及天下百姓的援助，場面可以想像有多麼壯觀。大軍正浩浩蕩蕩地往前進發，突然，一條白魚跳進了武王所在的船艙，武王奇怪，就殺了白魚來祭天，然後命大軍繼續前進。大家成功渡過黃河之後，武王的房間剛收拾出來，一團火從天上下來，正落在武王的房子上。正當大家嚷嚷著救火的時候，那團火卻變成了一隻紅色的鳥，鳴叫著飛走了。武王說這是凶兆，說明滅亡殷商的最佳時機還未到，命令大軍返回。其它諸侯國雖然失望，但看武王都準備坐船返回了，只好也回去了，「八百諸侯會盟津」就這樣終止了。

原來，這是一場武王特意安排的渡河實戰演習，目的是試探殷商王朝及各諸侯國的實力。現在看來各諸侯國的決心還不是很堅定，而且殷商還有一定的實力，硬打下去，周國即使僥倖取勝，也會有較大的傷亡，所以不敢輕舉妄動。因此就說服諸侯國各自回去了。

盟津觀兵也並非沒有任何意義。周武王通過這次會盟，不期而會「八百諸侯」，這說明天下人已經自發將周武王當成了盟主，願意追隨周。周武王也通過這次機會，建立起強大的軍事力量。盟津觀兵後，周武王一邊加緊練兵，一邊派人去探聽殷商的情況。

此時的殷商，忠臣已經被商紂王迫害得死的死、逃的逃，紂王身

邊只剩下奸佞小人。王室的人終日惶惶不安，既不敢勸諫商紂王，也不知該如何應對周軍很快就來的攻伐。

武王認為滅商紂王的時機已經到了，於是親率戎車三百乘、虎賁三千人、甲士四萬五千人，向東討伐商紂王。在討伐之前，武王向各諸侯下達討伐殷商盟誓於孟津的通告，然後從鎬京出發，經過渭河，渡過黃河，到達盟津渡口，在那武王召開了第二次盟誓大會，武王宣告了《泰誓》，歷數商紂王之罪惡，號召大家一鼓作氣擊敗商紂王。聯軍眾志成城，直奔殷都朝歌。

牧野之戰

第一次盟津之會後，商紂王終於意識到周國人對自己的嚴重威脅，決定對周用兵。但當他準備討伐周國的時候，東夷族發動叛亂，他不得不調集全國的軍隊進攻東夷，造成西線兵力的極度空虛。而此時的商王朝，比干等重臣被殺，人民越發不滿，連太師、少師都抱樂器奔周，商紂王已經到了眾叛親離的境地。這對武王來說是一個難得的機會，第二次盟津之會就是在這種背景下召開的。

周武王與其它諸侯軍在孟津匯合之後，武王說：「如今商紂王只聽婦人之言，放棄了祭祀祖先，放棄了國家的政權，放棄了自己的親族兄弟，卻對逃犯、小人委以重任，讓他們凌駕於人民的頭上為非作歹。姬發我現在上承天命，要代替上天來懲罰他們了！」群情激昂，人人都高喊著打倒商紂王。

武王先率本部及協同自己作戰的部落軍隊由盟津東進，經汜地渡過黃河後，北上到達百泉（今河南輝縣西北），再向東行，直逼殷商國都朝歌。武王沿途雖然遇到商軍，但商軍人心已經全部歸周，武王一路過來，幾乎沒有遇到什麼抵抗，只用了短短六天時間就到達牧野（今河南新鄉市北部），距離朝歌只有三百餘里。

周軍直逼朝歌的消息傳到商王朝，朝廷上下一片驚慌。此時商軍的主力都在東南地區攻打東夷，無法馬上趕回。商紂王無奈，只得倉促應對，啟用大批奴隸，連同守衛國都的商軍共約十七萬人迎戰。商紂王親自率兵在牧野北面擺開戰線，欲與周軍決一死戰。

此時周軍只有五萬人馬，商紂王以為自己必勝無疑，又開始不在乎起來。可是他卻不知道，武王這五萬軍隊全是經過嚴格訓練的精銳部隊，他那十七萬大軍卻是臨時武裝起來的，更何況奴隸和俘虜平日受夠了商紂王的虐待，對紂王恨之入骨，怎麼可能為他賣命呢？因此，從戰略上講，紂王還沒有戰，其實已經敗了。

且說武王列隊完畢之後，再次莊嚴誓師以激勵士氣，即牧誓。武王說：「紂王聽信讒言，不祭祀祖先，重用罪人和逃亡的奴隸，殘害百姓，天理不容！眾將士要與我一起消滅這個暴君，還天下太平！」接著，武王又重申了軍隊的紀律，並嚴令大家不准殺害投降的商軍。

牧誓之後，武王就下令向商軍發起總攻，他先命姜太公帶一支精銳突擊部隊挑戰商軍。沒想到的是，紂王雖然糾結起一支龐大的軍隊，但他的士兵沒有一點打仗的心思，都想武王快些攻打進來。姜太公的精銳部隊剛剛向商軍發起挑戰，紂王的軍隊突然掉轉矛頭，倒戈投降，並很快配合周軍攻打商軍，武王趁機發起猛攻，商軍十幾萬大軍瞬間土崩瓦解。紂王大急，轉身就逃，姜太公乘勝追擊，一直將紂王追到朝歌。

紂王逃到朝歌後，眼見朝中無能臣，大勢已去，沒有迴天之力。於是命人將所有珍寶都搬到鹿臺，然後在鹿臺放火，自焚而死。朝歌

的百姓聽說紂王已死，開心地敲鑼打鼓，將周軍迎接進城。武王手持太白旗指揮諸侯，諸侯都向他行跪拜之禮，武王還禮。武王進入城中，百姓們都在外面等著武王，武王於是讓群臣傳令給百姓：「上天賜福給你們！」百姓們紛紛跪倒拜謝，武王也向他們回拜行禮。

武王來到鹿臺，看到紂王的屍體，對著他連射三箭，然後走下戰車，親手將紂王的頭砍了下來，懸掛在太白旗上。又來到內宮，誅殺了妲己，也砍下她的頭，與紂王的頭一起懸掛在白旗上。紂王身邊的兩個奸佞小人惡來、費仲也被斬首。這些平日為非作歹的人死後，人心大快。最後武王出城，返回自己的軍營。第二天，周軍幫助百姓清理道路，重新修葺祭祀土地的社壇和宮室，然後分兵征討殷商殘餘勢力。

至此，殷商亡國，周王朝取而代之，中原地區的統治秩序從此進入一個新的歷史時代，西周禮樂文明的全面興盛即將到來。

封邦建國

武王推翻殷商後，回到周地。

雖然最大的敵人紂王已被消滅，但武王所面臨的形勢依舊十分嚴峻：統治區域廣，諸侯國眾多，還有相當多的諸侯沒有歸順周，他們跟他一起滅商的諸侯，雖然暫時表示歸順，但都等著論功行賞，如果分配不好，恐怕又會惹出是非。武王本身身體狀況不好，兒子又年幼，因此當下最大的問題是將政局穩定下來。

武王決定用分封土地的方式穩定政局。他將王族、功臣以及先代的貴族分封到各地做諸侯，建立諸侯國。封地上的一切，包括土地和百姓，都屬於諸侯，諸侯有權在自己的封地上徵收賦稅、組織軍隊、設置官員。諸侯在享受權力的同時，還要履行一定的義務：服從周天子的命令，幫助周天子鎮守疆土，向周天子交納貢賦和朝覲述職，跟周天子一起作戰。

封地的大小與地理位置，與諸侯的地位、功勞、親疏有關。對於每個封國，根據情況的不同，武王採取了不同的措施。

對於殷商遺民，武王將他們封給商紂的兒子武庚，國號為宋。在封宋的同時，武王昭告天下，滅商只是為了討伐紂王的罪惡，沒有滅

絕殷商祭祀的意思。武王還命人將殷商的普通百姓從牢獄裡解救出來，將鹿臺的錢財、糧食發給貧窮的百姓。然後，他又命南宮括、史佚等人展示殷商的傳國之寶九鼎和寶玉，命令閎夭給比干的墓培土築墳，命令祝官祭祀陣亡將士的亡靈。安頓好殷商遺民，武王撤兵回到西方的周國，東方交給殷商遺民自己打理。因為殷商剛剛平定下來，還沒有穩定，武王就讓自己的弟弟叔鮮、蔡叔度輔佐祿父治理殷國，並在殷的附近設置邶、墉、衛三國，分別分封給叔叔霍叔、管叔、蔡叔，其目的就是監視武庚和殷商遺民。

對於古代聖王的後代，武王依舊很尊重他們，也冊封了這一部分人。如他將神農氏的後代賜封到焦，將黃帝的後代賜封到祝，將堯帝的後代賜封到薊，將舜帝的後代賜封到陳，將大禹的後代賜封到杞。武王對這些諸侯國進行冊封，是因為武王懷念古代的聖王，因此對他們的後裔給予表彰，鼓勵百姓學習古代聖賢的德行。

武王先後封了七十一個諸侯國，以親屬之國為多，國君多姓姬。這七十多個諸侯國中，第一個受封的姜子牙，他雖然不是姬姓人，但武王信任他，將他封在營丘，國號為齊；接著是武王的弟弟周公旦，將他封在曲阜，國號為魯；叔鮮被封於管；叔度被封於蔡；召公姬奭被封於燕。其中齊、魯、燕三國是周在東方新的領域，這些諸侯國對於周天子來說都是邊遠地區，有促進邊境開發的作用，同時也可牽制殷商遺民，避免發生動亂。

其餘異姓諸侯都是跟武王一起推翻商朝統治的有功之臣，武王根據他們功勞的大小，分給大家大小不等的土地。這七十一個諸侯國，其中以魯、齊、晉、衛、燕等國最為重要。

因為有的諸侯國是原來商朝時候就有的，武王規定：只要他承認周政權，服從武王的領導，承認周天子是天下的共主，那麼他的封國依然可以保留。

武王分封完畢，就將商朝宗廟裡的祭物分給諸侯，讓他們拿回去作為分封的憑證，供奉在祭祀場所。

武王死後，周公輔政，他又對天下進行了更大規模的分封。這次分封，除了分封土地，諸侯國根據親屬關係及功勞的大小，還被賜予不同的爵位。

最高的爵位是公爵，獲得這一榮譽的諸侯國只有三個：宋國、魯國和陳國。宋國是殷商的後代，周朝就是在殷商的基礎上建立的，冊封宋國，既有招撫的意思，又有尊重的意思。魯國是周公旦的封地，周公反輔佐武王和成王，制定了《周禮》，平定了叛亂，功勞最大，理應被被封為最高的爵位。陳國是舜帝的後代，陳國國君還是武王的姐夫，所以論親疏、論資歷，也應該被封為最高的公爵。

第二高的爵位是侯爵，較大的諸侯國，如齊國、燕國、晉國等，其國君都是侯爵。

第三個等級是伯爵。秦國最初只被封為伯爵，其國君稱之為秦伯。

第四個等級是子爵。子爵的國土小一些，影響力也小，如楚國。

第五個等級是男爵。如許國這個小地方，其國君就是男爵，稱之為「許男」。

另外，周公旦又規定，任何一個諸侯國，其國君死後，按照血緣關係和嫡長繼承制，嫡子中的長子繼承國君的地位。無論一個國家還是一個家族，嫡長子都是大宗，其它旁系稱為小宗，小宗要圍繞著大宗。

　　與分封制相結合使用的政策是宗法制，即「天子建國，諸侯立家，卿置側室，大夫有貳宗，士有隸子弟」。其中卿大夫的爵位與諸侯國國君一樣，是可以世襲的，由嫡長大宗世襲。不同的大宗之間是可以聯姻的，這樣西周的諸侯、卿大夫之間就形成了龐大的血緣關係網。

　　這種分封政策確定了周天子天下共主的地位，穩固和擴大了周的統治。與官職結合起來，西周形成了「周王－諸侯－卿、大夫－士」的等級序列。諸侯保衛國君，卿、大夫保衛諸侯和周天子。武王希望這樣等級嚴明而關係複雜的地位，能幫助周天子的基業世世代代傳承下去。

周公攝政

滅商兩年後，武王生病。大臣們非常擔心，都虔誠地占卜。周公還齋戒沐浴向上天祈禱武王的病情快些好轉，並說願意用自己的身體代替武王生病，武王的病果然好了一些。但武王不久還是去世了。

十三歲的太子誦繼承了王位，就是周成王。這時候天下還沒有完全統一，周朝的政權才剛剛穩定下來，所以就急需一位強權人物來穩固朝政。武王的弟弟、成王的叔叔周公旦，從大局出發，登上「攝政王」的位置，代替成王處理國家大事，掌握了實權。

武王的其它弟弟，以管叔、蔡叔為代表，不服周公旦攝政，於是就聯合大家散佈謠言：「成王已經繼位了，周公憑什麼代替天子攝政？難道他想取代成王嗎？」這些謠言很快傳到周公的耳朵裡，周公對太公望和召公奭說：「我不避嫌代替成王處理國家大事，是擔心諸侯國們聽到武王死後就起來反叛，這樣我們就無法向先王太王、王季、文王交代。這三位先王為周民族付出了很多心血，我們今天才勉強成功。武王英年早逝，成王年幼，不能處理國家大事，我這樣做完全是為了穩定周朝大業的緣故。」太公望和召公奭明白他的心意，於是就支持他輔佐成王。

周公因為輔佐成王的緣故，無法前往封地，於是就先讓自己的兒子伯禽代自己到魯國受封。伯禽臨行前，周公對他說：「我身為文王的兒子、武王的弟弟、成王的叔叔，地位已經很高了，但我做事還是很小心謹慎，禮賢下士，避免失去有才能的人。你到了魯國之後，也要謙虛謹慎呀，千萬不要因為擁有了封地就可以驕縱自己。」伯禽答應，然後到魯國上任去了。

雖然周公的兒子已經去封地了，但管叔、蔡叔等人依然懷疑周公想要篡位，王室內部發生爭執。紂王的兒子武庚認為有機可乘，就聯合管叔、蔡叔等人發生叛亂，借著討伐周公的名義背叛了周朝。

周公為了維護周朝的天下，得到成王的許可之後，親自率兵討伐。三年之後，周公終於平定叛亂，武庚和管叔兩個人被周公誅殺，他們的追隨者蔡叔也被流放到了邊遠的地方。然後，周公又讓紂王的小兒子開繼承殷朝的後嗣，在宋建立諸侯國；又找到了殷朝的全部遺民，將他們封給武王的小弟弟姬封，讓他建立了衛國，姬封就是衛康叔。在此期間，晉國國君姬虞得到一種二穗同苗的禾穀並獻給成王。成王將這種禾穀贈給遠在軍營中的周公，周公於是教導人們學習耕種。

政局重新穩定之後，周公作文《大誥》，向天下陳述東征討伐叛逆的大道理；然後又作文《微子之命》，封微子繼續殷後；接著又作文《歸禾》、《嘉禾》，記述成王賜予嘉禾的事蹟並頌揚周天子的英明；後面還作文《康誥》、《酒誥》、《梓材》，記述了衛康叔被封於殷地、周公告誡他戒除嗜酒及為政之道的道理。

七年後，成王長大成人，周公覺得他有能力擔當起周天子的職責了，於是為成王舉行了隆重的成人禮，又舉行了隆重的還政儀式，正式將權力移交給成王。成王臨朝聽政，周公和其它大臣一樣，謹慎地面向北站立，沒有一點居功自傲的樣子。

武王在世的時候，曾經打算在伊水和洛水一帶建立新的都城，目的是為了加強對東部的控制。武王死後，周公忙著平定叛亂、穩定諸侯，這件事就暫時耽擱了。現在周公還政，國事不忙了，於是周公就決定做這件事了。成王派召公再去洛邑測量地形，周公又重新進行占卜，反覆察看地形，最後洛邑才營建。完成後，周公對成王說：「洛邑就是天下的重心，以後無論哪個諸侯國使者向朝廷進貢，經過的路程是一樣的。」

在測量和營建洛邑的過程中，周公作文《詔誥》和《洛誥》，向天下昭告洛邑的建成。然後周公又讓殷商遺民遷徙到洛邑，向他們宣佈了成王的命令，這樣，洛邑就成了周朝在東方的國都，象徵天下的九鼎就安放在這裡。

東方的淮夷不服從周王的命令，舉兵叛周。成王命周公擔任太師，召公擔任太保，出兵征討淮夷。淮夷哪抵抗得了周公的大軍，很快被擊潰，淮夷人的奄國被滅，奄國國君被遷徙到薄姑一帶看守。

周公擔心成王年幼，在處理國家大事的時候沒有經驗，又擔心他做出荒唐的事情，於是作文《多士》、《無逸》告誡成王，讓他不要忘記了前輩們經過艱苦奮鬥所創下的基業，不要驕奢淫逸而敗家，否則就會敗掉基業，枉費前人心血。這些，周成王都牢記於心，盡心盡力執政。

周公在攝政的幾年裡，為周王室創立了很多制度，如制定了公、侯、伯、子、男等爵位的等級制度，制定了禮儀，明確了百官的職責。天下在這些制度的規範下，出現了前所未有的安定，周人從此進入生活穩定、社會繁榮的時代，為「成康之治」打下了良好的基礎。

周穆王制刑

　　武王之後，周朝又經歷了成王和康王二代。在這兩代國君當政時期，政治清明，經濟繁榮，國家富庶，人民安居樂業，國力達到了最強，這段歷史因此被稱作「成康之治」。康王去世後，昭王繼位，昭王對周王朝制度及文王和武王以來形成的的治國方略沒有很好地執行，周王朝漸漸出現衰落的跡象。昭王繼位的第十九年，他親自率領軍隊進攻楚國，結果全軍覆沒，昭王死於漢水之濱。昭王的兒子滿即位，這就是周穆王。

　　周穆王繼位的時候已經五十一歲了，他繼位之後首先想到的是報仇，但報仇之前要解決掉潛在的威脅。與父親不同，他清醒地意識到周王朝已經衰落了，周邊的四夷成為國家最大的威脅，尤其是西北部的犬戎。犬戎又稱獫狁，自古以來一直居住在西北陝甘一代，屬於西羌的一支。這個民族與中原地區的人不同，他們天性兇狠殘暴，經常在周的邊境地區作惡，周朝如果不給他們點顏色看看，這個兇狠的民族會趁著周朝不穩的時候南下侵略。於是周穆王繼位之後的第一件事，就是決定攻打犬戎。

　　然而，當周穆王一說出攻打犬戎時，大臣祭公謀父卻極力反對。祭公謀父寫了一篇〈祭公諫征犬戎〉，在這篇文章中他對周穆王說：

「大王您不能去啊！我們的先王都是以德行來服人，從來不主動靠武力解決問題。軍隊平常的作用是蓄積力量，待到必要時才痛擊，這樣一出動才會有威力。國君如果只知道炫耀武力，反而不容易贏得別人的敬畏。所以人們歌頌周公說：『收起干戈，藏起弓箭，在天下求賢舉德，讓華夏都傳遍王的威名，王業就能永保全。』先王對待百姓，也是靠端正大家的德行，使人們養成敦厚的性情，幫助他們增加財富，改善他們的作為，讓大家懂得輕重利害。只有心懷德政，人們才會懼怕刑威，我們才能保住並光大先王的事業。從前，我們的先祖世代擔任農師，幫助虞舜、夏禹成就事業。當夏朝衰落的時候，夏朝廢棄了農師這個官職，我們的先王不窋因而失掉官職，流落到戎狄地區。但他依舊沒有荒廢農事，在幫助人們從事農業生產的時候，還宣傳先祖的德行，繼續光大他的事業，早晚謙虛恭順地執行，時刻保持著敦厚篤實的態度，以此來修煉自己的德行。我們繼承了先人的美德，不能玷污他們的美德。到了文王和武王的時候，先人這些美好的功德被我們繼續發揚，又加上了謙恭地祭祀鬼神，保護百姓，因此普天之下沒有不敬畏他們的。因此當紂王對人們放下罪惡的時候，百姓不能忍受，都高興地擁戴武王為新的天子，武王這才發動了牧野戰爭，推翻了殘暴的紂王。也就是說，先王一直是不崇尚用武力解決問題的，以勤懇做事、體恤百姓為先，以考察民間疾苦、為民除害為先。先王的制度中說：只懲罰那些不祭祀的，只攻打那些不祭祀的，只征討那些不納貢的，只告諭不來朝見的。法律是用來懲罰的，軍隊是用來攻伐的，有了征討的裝備，再加上嚴厲的譴責和告諭的文辭，如果天子宣佈命令之後仍然有人不來進諫，那麼就要再進一步檢查自己的德行，看自己是否哪裡做得不對，而不是一開始就勞民遠征。」

祭公謀父的話雖然有道理，但畢竟過於迂腐。因此，雖然周穆王知道偃武修德的道理，但是父王死在漢水之濱，這個仇遲早是要報的。因此周穆王沒有採納祭公謀父的建議，仍舊堅持討伐犬戎。犬戎看到周王朝的軍隊，雖然還不至於到嚇破膽的地步，但終究不敵周穆王的大軍，犬戎的軍隊大敗。此戰之後，周穆王得到了四條白狼、四頭白鹿，這些東西對犬戎來說是非常寶貴的，他們現在到了周穆王的手中，犬戎徹底喪失了對抗的鬥志，此後一百多年不敢來犯，胡人連南下牧馬都不敢，周王朝的西北邊境得到了穩定和加強。

掃平犬戎之後，周穆王又對不斷侵襲邊境的東夷以及南蠻部族進行了征伐，都獲得了大勝，一時之間，四夷賓服，天下諸侯國都來朝貢，穆王終於首次實現了全國統一，繼承和光大了祖先的基業。

解除邊患之後，穆王這才根據祭公謀父偃武修德的提議，在全國推行政治法令。周穆王首先改革的是官制，他設立了「太僕」一職。太僕為太御眾僕之長，可幫助周天子加強王朝中樞的管理。

比起官制方面的改革，周穆王在刑律上的改革更有重要意義。周穆王任用甫侯主管法制，重新制定了五種刑法，天下的刑事案件就按照五種刑法來量度。

五刑就是墨、劓、臏、宮、大辟五種刑。法官在審理案件的時候，根據人們的言語、臉色、氣息、聽話時的表情、看人時的表情等情況綜合考慮應該判處哪種刑罰。如果這五種刑罰對於犯人來說不適合，那就按照用錢贖罪的五種懲罰來判決；如果仍不能得到較好的判決，就按照五種過失來判決。

不過，依照五種過失來判決，如果法官把握不好，可能會產生弊端。如有些犯人的家屬會通過賄賂的方法來干擾法官判決，法官可能會依仗權勢阻礙司法公正。於是又規定，如果出現這種司法不公的情況，那麼法官本人無論身份多麼顯赫，一經查實，都要與犯罪之人承擔相同的懲罰。

　　法官在判案的時候，如果把握不好五刑的度，那就從輕發落，減一個等級，按照五罰來處理；如果五罰處理也遇到了同樣的問題，那就從輕發落，減一個等級，按五過處理。無論採取哪種懲罰手段，法官務必核查清楚，確保自己所調查的證據與事實是相符的。如果暫時沒有確鑿的證據，那就秉承上天的恩德，不要輕易用刑。

　　真正需要運用五刑來懲罰時，也要注意從輕發落。當發現刺面的墨刑不太適合時，就減罪一等，罰黃銅六百兩；當發現割鼻的劓刑不太適合時，就減罪一等，罰黃銅一千二百兩；當發現挖掉膝蓋骨的臏刑不太適合時，就減罪一等，罰黃銅三千兩；當發現破壞生殖機能的宮刑不太適合時，就減罪一等，罰黃銅三千六百兩；當發現殺頭之刑大辟不太適合時，就減罪一等，罰黃銅六千兩。無論哪種刑罰，在減罪的時候，都要認真核實，如果發現罪犯的確犯罪了，那就要維持原判。

　　這五刑的條文，其中墨刑類有一千條，劓刑類有一千條，臏刑類有五百條，宮刑類有三百條，大辟類有二百條。法官在考慮給犯人的刑罰時，都要細細研究各個懲罰的條文，避免誤判。

　　這一整套刑罰制度是甫侯提出來的，因此又叫做《甫刑》。周穆

王頒佈《甫刑》後，與夏商的刑罰制度相比，總體來說是減輕了刑罰力度，這是周王室一向重視仁政的結果。

周穆王在位五十五年，享年一百零五歲。他在位期間，為國家做了許多事，也流傳下來很多傳奇的故事。人們對這位富於傳奇色彩的帝王很愛戴，為他編撰了《穆天子傳》。

周厲王毀國

　　周穆王死後，周王朝又往下傳承了幾代。到了周厲王時代，周王朝更加衰落了。

　　周厲王姓姬名胡，是周夷王的兒子。周厲王繼位的時候，周王室的勢力已經非常衰弱了。此時外族經常在邊疆騷擾周朝，內部諸侯之間內亂不斷，經濟發展緩慢，國家貢賦銳減，國庫虧空嚴重。這樣一個爛攤子，如果交給一個勤政愛民的國君，尚可能有轉機，但是交到周厲王手中，就不同了。

　　周厲王是無道君主，他繼位後，不但不整頓吏治，反而變本加厲增加賦稅，巧立名目加重對人民的剝削，甚至冒險剝奪了一些貴族的權力，使周王室的內部矛盾更趨激化。

　　臣子榮夷公為了討好周厲王，對他說：「山林川澤等物都是國王的東西，應該收『專利』稅。」周厲王聽後大喜，對山上的藥材、木柴、鳥獸，水裡的魚、蝦、貝等的使用，都要收稅。這種巧取豪奪的行為不但遭到百姓的埋怨，那些被觸犯利益的王公大臣也都反對。但周厲王卻絲毫不以為意，不管百姓的大臣們的反對，堅持在全國推行「專利」稅，致使百姓們的生活更苦，大小貴族互相兼併，很多貴族淪為平民和奴隸，更多的人流離失所。

周厲王時，內部政治混亂腐敗，外部又時時遭受外族的侵擾。尤其是秦仲的族人被殺後，周王朝失去了西方的屏障，外族人屢屢進犯，周厲王不得不連年用兵防禦異族入侵，但屢戰屢敗。內憂外患，周王朝處於前所未有的危機中，人民的生活遭遇了前所未有的困苦。人們對周厲王的統治很不滿，很多因他的壓迫而生活變得更痛苦的平民，紛紛咒　他、怨恨他，譴責他的人更是不在少數。

周厲王想要享受，但又不想別人對自己有所怨言，於是他派衛巫監視，一旦發現誰對他有所抱怨，立刻抓來殺死，很多議論國政的平民被抓捕殺死，甚至連沒有發表過怨言的人也被誅殺。這樣一來，人們不敢再議論時政了，平常連話不也不敢多說，熟人在路上相遇了，彼此之間也不說話，只是互相看對方一眼算是打招呼。由於人們都不說話，整座城變得死氣沉沉，周厲王也聽不到對自己不利的聲音了，他對這種狀況很滿意，得意地說：「看，我有辦法讓百姓們不說我壞話！」

召穆公虎勸諫周厲王道：「這樣是堵住了百姓的嘴巴，但堵的卻是一條河。一旦這個河決口了，就會造成滅頂之災。人們的嘴現在被堵住了，但它帶來的危害比決口的河水還要厲害。治水的人通過疏濬河道的方式讓水流通暢，治國的人也應該讓百姓暢所欲言。聖明的天子治國，百官是可以進諫的，平民也可以將自己的意思通過百官傳達給天子。只有這樣，近臣才可以勸諫天子，同宗族的人才能幫助補察過失，樂師、太史才能順從民意，將大家的想法匯總起來，以便天子制定正確的政策，確保政事的順利。百姓有嘴巴，就好像大地有山川河流一樣，人們所用的一切都是由山川河流生產出來的，國家所需要

的糧食和財富也是取之於民的。如果不讓百姓將自己想說的話說出來，大王怎麼知道哪些事是可以做的，哪些事是不可以做的？」

周厲王不聽從召穆公虎的勸諫，反而說：「我乃堂堂天子，那些無知的愚民只要聽從我的命令就行了，怎麼能隨便議論朝政呢？」他依舊施行專制和暴政。

周厲王的暴政終於激起了民憤。一天，都城的所有百姓都自發地集結，大家拿著木棍和農具，從四面八方湧到王宮，找周厲王算帳。周厲王在王宮裡，聽到憤怒的呼喊聲從四面八方傳來，很害怕，趕緊調集軍隊鎮壓。大臣告訴他說：「我們一直以來都是寓兵於農，農民就是軍隊，軍隊就是農民。現在農民都暴動了，哪裡還有軍隊給大王調集呢？」周厲王這才真正害怕了，他匆匆忙忙喬裝打扮，帶著宮眷逃出都城，一直沿渭水朝東北方向晝夜不停地奔波，直到逃到彘（今山西霍縣），已經離都城很遠了，他才停下來。

周厲王的太子靜藏在召公家裡，百姓們知道了，就拿著農具把召公的家包圍起來，要求召公交出太子。召公苦口婆心地勸說大家：「以前我也多次勸周厲王，可是他聽不進去，這才為大家和自己帶來這場災難，但這一切與太子是沒有關係的。如果說現在太子殺人了，大家會不會因為惱恨太子連帶把國君也殺了呢？侍奉國君的人，即使遇到危險也不該怨恨，即使怨恨也不應該發怒，更何況我們大家是侍奉天子呢？」人們不滿的情緒這才有所平息。然後召公以自己的兒子代替太子，太子終於免遭殺害。人們在召公的極力勸說下，漸漸平息了不滿和怨恨，離開了。

周厲王被平民趕走的事，被成為「國人暴動」。「國人暴動」導致周王室沒有了天子，貴族們推舉召公、周公（周定公）共理朝政，並將重要政務交由六卿合議，形成「共和政體」。歷史上將這一年（西元前841年）稱為共和元年，這一年是中國歷史有確切年代記載的開始。

周厲王逃走之後，曾派臣子凡伯偷偷回都城鎬京打探情況。凡伯看國人暴動已經平息，人們不滿的情緒已經有所遏制，於是就想聯合周公、召公將周厲王迎回來。但人們不許周厲王回來，周公、召公擔心再次激怒人民，引起暴動，於是不予合作。凡伯只好將這個消息稟告給周厲王，周厲王無可奈何，只好在彘定居下來。因為彘在汾水之畔，所以周厲王也被人們稱之為「汾王」。

周厲王在彘的生活非常困難，每年只能從周公、召公派去的人那裡得到一些衣服、日用品，往日天子的威儀與榮華富貴不復存在，僅能維持日常生活。周厲王悶悶不樂，鬱悶了十四年之後在彘病死。

而太子靜則一直寄宿在召公家，他長大之後，召公和周公將他擁立為王，他就是周宣王。周宣王執政前期吸取了父親的教訓，執政還算開明，周王朝出現了「宣王中興」的短暫繁榮。但周宣王晚年開始固執己見，聽不進去不同的政見。他為了顯示自己的威風，在魯國選立繼承人的時候，根據自己喜好逼迫魯國廢長立幼，魯國人不願意，他就興兵討伐。這不但造成了魯國長達二十年的混亂和災難，而且破壞了周朝的嫡長子繼承制度。周天子自己帶頭破壞禮法，各諸侯國也開始破壞禮法，周天子的威信迅速衰退，周王朝的滅亡很快就要來臨了。

烽火戲諸侯

周宣王去世之後，他的兒子宮湦即位，這就是周幽王。

比起祖父周厲王的無道，周幽王似乎有過之而無不及。他不理朝政，而且很好色，大夫越叔勸諫他，他竟然革去了越叔的官職並將他趕出京都。褒國的國君褒響聽說後，千里迢迢來到國都勸諫周幽王，但卻被惱羞成怒的周幽王關進監獄。

褒響在監獄裡被關了三年，褒國臣子想盡辦法營救周幽王，最後聽說周幽王好色，就遍尋褒國美女，發現了傾國傾城的褒姒，於是將她送給周幽王。周幽王看到褒姒大喜，立刻將褒響放了。

周幽王對褒姒的喜愛程度超過了以往的任何一個美女，這與褒姒的身世有關。據說，早在夏王朝衰落的時候，上天派了兩條神龍，它們自稱是褒國的兩個先君。當時的天子孔甲不知道怎樣處理這兩條神龍，於是就占卜，但占卜結果卻告訴他，趕跑它們不吉利，留下它們也不吉利，唯一的辦法是留住它們的唾液。於是孔甲擺設祭品，宣讀策文，告知神龍自己的決定，結果神龍留下唾液後就飛走了。孔甲就命人將神龍的唾液搜集在木匣子裡，命人祭拜。夏朝人一直保持著這個習慣，一直到周朝，依舊按時祭祀，沒有誰敢打開那個木匣子，也沒有什麼特別的事發生。

到了周厲王的時候，京都發生「國人暴動」，百姓們亂哄哄地湧進王宮，有人一不小心打翻了木匣，神龍的唾液流在宮殿裡，慢慢變成一隻像黑色的大蜥蜴一樣的怪物，爬進了周厲王的後宮。宮中有一個六七歲的小宮女，她遇到那只怪物之後，怪物立刻就不見了，小宮女竟然懷孕了，不久生下一個女兒。這個小宮女才七歲，怎麼可能沒有丈夫就生下孩子呢？小宮女很害怕，就將這個女兒扔掉了。

　　周宣王繼位後，民間流傳著一首民謠：「山桑弓，箕木袋，滅亡周國這個禍害。」周宣王聽到這首童謠之後，很擔心。剛好京都裡有一對夫妻，他們分別賣山桑弓和箕木製的箭袋，周宣王就派人誅殺他們。這對夫妻知道消息之後立刻逃跑，在逃跑的路上發現了小宮女扔掉的女嬰，於是就順手收留了這個女嬰，然後繼續往前逃，直到逃到褒國。這個女嬰長大後，非常美麗，因為她自幼生長在褒國，人們就叫她「褒姒」。

　　褒姒是由怪物幻化而生的，性情與常人大不同，無論周幽王怎樣取悅她，她從來沒有笑過，是個十足的冰美人。後來，褒姒為周幽王生了一個兒子，叫做伯服。周幽王為了取悅褒姒，廢掉太子宜臼和他的母親申后，立伯服為太子，立褒姒為王后。但褒姒依舊終日面無笑意，無論周幽王和他的讒臣怎樣耍寶搞怪。

　　一天，周幽王跟褒姒和幾個大臣一起出遊驪山，大臣虢石父看到遠處的烽火臺，突然靈機一動，對周幽王說：「我們的先祖從前為了防止西戎侵犯京都，在這一帶修建了二十多座烽火臺。一旦西戎來犯，我們就命人點燃烽火臺上的烽火，附近諸侯看到這個信號，就會

帶兵前來救援。現在天下太平，人們很久都沒有看到烽火了，不如我們現在開個玩笑，將烽火點燃，叫諸侯上當過來。娘娘看到諸侯帶著兵馬跑來跑去，肯定會很開心。」周幽王想像諸侯帶兵跑來跑去的樣子，的確滑稽，於是趕緊命人點燃烽火。

烽火點燃之後，諸侯看到滿天的火光，以為西戎來犯，趕緊手忙腳亂地組織人馬前去救援。大家聽說周幽王在驪山，於是趕緊趕往驪山「勤王」。但大家急急忙忙趕到之後，卻一個敵兵也沒發現，只聽到奏樂和唱歌的聲音，不禁面面相覷，丈二和尚摸不著頭腦。周幽王命人對諸侯傳話：「大家辛苦了，今天沒有敵人，大家各自帶兵回去吧。」諸侯這才知道上當了，憤怒地帶兵回去了。

褒姒看到諸侯帶著兵馬跑來跑去，一會兒緊張，一會兒驚奇，一會兒憤怒，的確很好玩兒，情不自禁笑了起來。這一笑，傾國傾城，周幽王終於見到美女的笑容，大喜，重賞了虢石父。後來，周幽王為了看到褒姒的笑容，又搞了幾次這樣的事情，諸侯每次都是慌慌張張地來，氣憤地離開，大家都發誓說以後再也不相信烽火的信號了。

西戎一直關注著周朝的動靜，當他得知周幽王調戲諸侯而引起眾怒，覺得這是一個進攻的好機會，於是果斷地向周王朝的京都進發。周幽王看到西戎果然來犯，慌忙命人點燃烽火。但諸侯已經上當多次，都以為周幽王又在哄褒姒，都不肯再去救援。京都的兵馬原本就不多，周圍的諸侯國又不肯前來救援，周幽王無奈，倉促之間只能組建了一支「烏合之軍」，但戰鬥力太低，抵擋了一陣子就被打敗。周幽王和虢石父都被西戎殺死，褒姒被擄走。

周幽王死後，大臣擁立廢太子直臼為天子，這就是周平王。

周王絕祀

　　周平王繼位之後，為了避免京都再次受到騷擾，就將國都從鎬京遷到東都洛邑。周平王東遷，標誌著周王朝已經衰微到很嚴重的程度，之前的歷史被稱作「西周」，周平王東遷，意味著「東周」的開始。從此，周王朝進入一個諸侯國以強並弱、相互兼併的時代，齊國、楚國、秦國、晉國等大諸侯國凌駕於周天子勢力之上，周王朝名存實亡。

　　周平王去世之後，由於太子泄父早死，他的孫子林繼位，這就是周桓王。桓王三年（西元前717年），鄭莊公朝見周天子，桓王沒有按照諸侯之禮接待他。鄭國因此惱怒，就找藉口從魯國搶許地。許地是天子用來祭祀泰山的專用田，但此時的周天子已經沒有能力討伐不聽話的諸侯國了，許地從此成為諸侯國的土地，周天子沒有了祭祀的地方。

　　周桓王之後，周王朝又經歷了莊王佗、釐王胡齊兩代周王，到了西元前六五一年，勢力最大的齊桓公打著「尊王攘夷」的口號，召集魯、宋、衛、鄭、許、曹等諸侯國國君在葵丘（今河南民權東北）召開諸侯大會，周天子也派代表參加了大會。這次大會確定了齊桓公霸主的地位，雖然名義上規定大家不要擅自封邑給卿大夫而不報告天

子，周天子名義上保留著「天下共主」的威嚴，但其實沒有任何實力和權力，中原諸侯國只聽齊桓公的號令，周天子從此成為一個符號，成為諸侯們「挾天子以令諸侯」的工具。

此後，周王室又經歷了惠王閬、襄王鄭、頃王壬臣、匡王班、定王瑜、簡王夷、靈王泄心、景王貴、悼王猛、敬王丐、元王仁、定王介、哀王去疾、思王叔、考王嵬、威烈王午，但周王室的地位一代不如一代，更不要提號令諸侯了，其國土可能連一個諸侯國的國土面積都不如。

齊桓公之後，楚莊王隨著楚國的強大成為新的霸主，中原各諸侯小國唯楚莊王命是從。西元前六〇六年，楚莊王的大軍來到洛邑的郊外，周定王不得不降下天子之尊，為他舉行慰勞歡迎之禮。楚莊王向周定王詢問九鼎的大小和輕重。而鼎是王權的象徵，楚莊王詢問這件事，野心昭然若揭，說明他連保留懦弱的周王室都已經不耐煩了，想自己取代周王室，成為「天下共主」。

截止到西元前四七六年，各諸侯國彼此吞併，連年發生戰爭，霸主地位幾經易位，但無論誰稱霸，周天子都沒有任何權力過問，只保留了自己的名號，如果稍微對諸侯國做出「不敬」的事，立刻就會引起諸侯的征討，因而周天子也不敢放縱，老老實實地當傀儡。從周平王東遷開始，這段歷史被稱為「春秋」時期。

西元前四〇三年（威烈王二十三年），混亂的格局被打破，韓、魏、趙三家分晉，諸侯國終於被兼併完畢，天下只剩下齊、魏、趙、韓、秦、楚、燕七國爭雄，中國歷史進入戰國時期。七雄之間的兼併

加劇，周天子之位更是形同虛設，周王室又戰戰兢兢地傳承了安王驕、烈王喜、顯王扁三代。

顯王五年（西元前364年），秦獻公稱霸，西邊盡屬秦國，周王室的生存更加艱難。二十年之後，秦孝公在周國與諸侯會盟，周顯王被迫將諸侯之長「方伯」這個名稱送給秦孝公。顯王四十四年（西元前325年），秦惠王稱王，從此各諸侯國國君都自稱「王」，周天子連保留王位的權力也不復存在。

周顯王死後，周王室又傳承了慎靚王、赧王兩代，此時東、西周已各自為政，赧王把國都遷到了西周。

後來，秦攻打楚的勢力範圍宜陽，楚國派兵援救。楚國以為周國與秦國是同夥，於是派兵攻打周國。周天子派蘇代質問楚王：「您怎麼知道周國跟秦國是同夥呢？您說周國幫助秦國，其實是將周國推到秦國去，因此人們把周、秦放在一起說『周秦』啊。周國知道自己無法再強大起來，無力對抗楚國，一定會投向秦國。你們攻打周國就是幫助秦國獲得同夥的最好辦法啊。周天子為秦國出力，楚王就要好好對待他；不為秦國出力，楚王也要以禮相待。這樣周天子才會感激楚國，與秦國的關係漸漸疏遠。周國與秦國絕交了，就一定會投靠楚國。」這番說辭顯然是春秋時期各諸侯國之間的迂迴之術，周已經淪落成為勢力薄弱的諸侯國了。

秦國想要借道攻打韓國，西周王朝不敢得罪，大臣史厭就對周天子說：「你派人對韓國說，只有聯楚才能抗秦。」秦國聽說這個消息之後，就命令周天子去詢問這件事。周天子不願意去，於是對韓國說

了秦國想要攻打韓國南陽的消息，韓國趕緊派兵駐守南陽。周天子為了自保，不得不出賣外交信息，此時的周天子已經徹底喪失了尊嚴。

楚國包圍了韓國的雍氏，韓國向東周借兵，周天子詢問蘇代怎麼辦。蘇代說：「大王您擔心什麼呢？我有辦法既讓韓國借不到東西，又能讓您得到高都。」周天子大喜：「如果你能做到這一點，我就將國家大事全部交給你。」蘇代對韓相國公仲侈說：「楚國包圍雍氏的時候計劃三個月攻下它，但現在已經過去五個月了，還攻不下來。這說明楚兵已經疲憊不堪了。現在韓國向周國借兵，說明韓國也疲憊了。」韓相國公仲侈認同，蘇代就說：「為什麼不把高都送給周呢？」韓相國公仲侈大怒：「周國不借兵就已經很過分了，怎麼還敢索要高都呢？」蘇代說：「周國得到了高都，就會轉而投靠韓國，秦國聽了一定很生氣，就會與周國斷絕往來。韓國用一座城市換來周國的完全投靠，何樂而不為呢？」韓相國公仲侈覺得這個交易不錯，於是就將高都送給周。至此，周國已經成為各大國之間爭權奪利的緩衝地帶，為了生存不得不像一件禮物一樣被送來送去。

隨著秦國的不斷強大，周天子想在戰國七雄中勉強生存的空間也越來越小，不得不追隨其它六國反對秦國，但距離秦國最近的周國也是最先倒楣的國家。西元前二五六年，東周與韓、趙、魏三國與秦國相對抗，被秦昭王的軍隊攻破都城，東周全部三十六邑三萬人口盡歸秦國所有，周天子特有的九鼎和其它珍寶器物也被秦國霸佔。此後，周國的土地、百姓一點一點被秦國霸佔，周朝逐漸走向滅亡。

秦本紀

秦的傳承與立國

　　顓頊帝有一個叫做女修的孫女。一天，女修正在織布，天上飛來一隻燕子，燕子在她面前生下了一顆蛋然後飛走了。女修正好也有點餓，把蛋吞吃了，後來懷孕了，生下一個兒子。女修想讓兒子長大後能做大事，就給他起名叫作「大業」。大業成人後娶了少典部族的一位名叫女華的姑娘為妻，生下兒子叫大費。

　　大費長大後跟隨大禹治理水患。治水成功後，舜帝賜給禹一塊黑色的玉圭，賜大費一副黑色的旌旗飄帶，並且讓大費馴養禽獸。有許多的鳥獸都被大費馴服了，舜帝認為這是一個很大的功勞，就賜他姓嬴，並且給了他一個新的名字，伯益，還把本族的一個姑娘給他做了妻子。伯益就成了嬴姓的祖先。此後，伯益就在舜的手下擔任虞官，掌管山澤，繁育鳥獸。由於得到舜帝的賞識，並獲得了與舜帝聯姻的殊榮，伯益的政治地位也大大提高。

　　大禹死之前，原本準備將帝位禪讓給伯益，但大禹死後，大禹的兒子夏啟改變了以前的禪讓制度，自己坐擁天下，伯益只好隱居到大山裡。伯益生有兩個兒子，一個名叫大廉，這就是鳥俗氏的祖先；另一個叫若木，這就是費氏的祖先。

後來，費氏的玄孫費昌依附商湯打敗了夏桀，即夏啟的後代，也算是為祖先報仇了。大廉的玄孫中有一個名叫中衍的，身形很像鳥，但說人話。商朝第九位國王太戊帝聽說中衍的事，想讓中衍給自己駕車，就去占卜一下，結果卦相非常吉利，於是命人把中衍請來駕車，並且為中衍娶了妻子，中衍家族的地位逐漸提高。

從太戊帝以後，中衍的後代子孫一代比一代強，地位也越來越高，最後甚至得到了輔佐殷國高官的權威。到了中衍的玄孫中潏的時候，這個家族已經是鎮守西部邊疆的大將了。中潏的兒子蜚廉、孫子惡來都是當時的名將，他們父子倆都是紂王跟前的大官。

商紂王后來被周武王打敗，惡來被殺，而蜚廉因為被紂王派出去做事，僥倖躲過一劫。蜚廉回來之後，在霍太山為紂王築起祭壇。他在修築祭壇時挖到一口石棺，上面刻著「天帝命令你不參與殷朝的災亂，賜給你一口石棺，以光耀你的氏族」。蜚廉不敢再公然祭拜紂王，將這口石棺埋葬在霍太山上，自己在那裡隱居至死。

蜚廉小兒子季勝所生的兒子孟增，後來受到周成王的寵愛，家族又逐漸繁榮起來。孟增的孫子造父因為善於駕車，得到周繆王的寵幸。一天，造父駕車跟隨周繆王到西方巡視，遇到徐偃王作亂，造父拼死駕車將繆王送到鎬京，又日夜兼程傳達消息，說明繆王平定了叛亂。因為這個功勞，繆王將趙城封給了造父，造父族人從此就以趙為姓。

惡來的後代中，有一個叫做非子的，居住在犬丘，他愛好養馬和其它牲口，善於幫助牲口繁殖。周孝王就封了他官職，讓他專門在汧

河、渭河之間管理馬匹。非子將這項工作做得很好，戰馬在他的飼養下果然繁殖很快，周孝王大喜，就將秦地賜給非子作為封邑，並讓他繼續嬴氏的祭祀，這一族人就是秦嬴。

秦嬴往下傳承到四代孫秦仲時，恰逢周厲王當政。周厲王攻打西戎族，西戎族人報復周朝，就將秦嬴後代中的一支族人全殺光了。周宣王繼位之後，就任命秦仲為了國仇家恨去討伐西戎，結果秦仲被西戎人殺死。周宣王又讓秦仲的五個兒子去討伐西戎，他們五個在老大莊公的帶領下終於打敗了西戎。周宣王很高興，就任命莊公為西垂大夫，並將他們的祖先的封地一併賞賜給他們。莊公的大兒子世父說：「西戎殺死祖父秦仲，我不殺死戎王就決不回家。」於是不接替莊公的位置，將王位讓給弟弟襄公，襄公就做了太子，世父繼續率兵攻打西戎。

莊公死後，襄公即位。秦襄公是一位有作為的君主，他意識到秦人是在周朝和西戎的夾縫中生存，很容易被「吃掉」。權衡再三，他將妹妹穆嬴嫁與西周豐王為妻，並將國都從犬丘遷到汧邑（今陝西省隴縣東南）。不久，西戎果然大規模圍剿犬丘，世父率軍抵抗，但不久被俘。由於有姻親關係，襄公得到了西周豐王的援助，又擁有汧邑戰略要地，西戎人知道無法滅掉秦地，不敢輕易誅殺世父，一年之後將世父放回秦地，並與秦建立了相對緩和的關係。這樣，秦國一方面擁有了周王室的支持，另一方面又與西戎保持了相對穩定的關係，從此開始大力發展生產，並積極向東擴展。

襄公七年（西元前771年）春，周幽王因為「烽火戲諸侯」，導

致西戎的犬戎西進，周幽王被殺。秦襄公因為近距離擁護周王室有功，又積極擁護周平王東遷，贏得周平王的讚賞，周平王就封襄公為諸侯，賜予他爵位，將岐山以西的土地賜給秦國。

周平王還對秦襄公說：「西戎沒有道義，侵佔窩巢的岐山、豐水的土地，秦國如果能將他們趕出周的領地，西戎的土地就歸秦國。」周平王還與秦襄公立下誓約，表明對秦襄公的重視。

從此，秦襄公為了開拓自己的疆域，致力於攻打西戎，有一次甚至已經攻到屬於自己的封地岐山，但沒能長久立足。直到秦文公即位後的第四年（西元前762年），秦國人才攻下了岐山，擁有了周平王賜予的封地。此後又經過八十多年，秦國的國力不斷強大，領土也不斷擴張，終於建立起以關中為中心、從甘肅天水一帶到陝西華縣一帶的國土，成為當時較大的諸侯國之一。

秦穆公求賢

　　自從秦襄公立國後，秦國先後經過文、憲、武、德、宣諸公等國君的傳承，疆域不斷擴大，到了秦穆公執政時，關中一大部分土地已經都是秦國的國土了。

　　秦穆公是一個有作為的君主，他非常重視人才。秦穆西元年（西元前659年），秦穆公召見了善於相馬的伯樂，問他：「你一天一天地衰老，你的子孫後輩中有誰能繼承你這項本領嗎？」

　　伯樂回答說：「真是遺憾啊，我的子孫中相馬的本領沒有一個比得上我，倒是我的朋友九方皋擁有很強的相馬本領，大王您可以召見他問一問。」

　　秦穆公馬上命人傳來九方皋，讓他去尋找一匹好馬。三天後，九方皋來到秦穆公面前覆命，說自己已經為大王覓到了一匹第一流的好馬。

　　穆公地問：「這匹馬有什麼特色？」

　　九方皋回答：「它是一匹黃色的母馬。」

　　秦穆公命人將馬牽來，結果卻看到一匹黑色的公馬。秦穆公就對

伯樂說：「你推薦的九方皋，他連馬的顏色和雌雄都分辨不清，我怎麼能相信他推薦的馬是一匹好馬呢？」

伯樂回答說：「大王您有所不知。好的相馬者一眼就能看出馬的內在靈性，忽略到馬的顏色、外貌和雌雄是在所難免的。而馬的顏色、外貌和雌雄絲毫不會影響馬的品性，九方皋沒有注意到馬的顏色和雌雄，這並不能說明他尋找的這匹馬就不是一匹好馬。大王您可以試一試，確定這是否是一匹好馬。」

秦穆公半信半疑地讓人騎上去試了試，結果發現這果然是一匹天下無雙的好馬。這件事給秦穆公一個啟發，於是他就命人走遍天下招攬人才，希望天下有用的人才都來秦國做事。

秦穆公四年（西元前656年），秦穆公娶了晉獻公的女兒，秦國因此與晉國結盟。不久，晉獻公滅虞，俘虜了虞公及其大夫井伯、百里奚。亡國大夫百里奚是一個很有才能的人，晉獻公本想重用他，結果百里奚寧願做奴隸也不願意為敵國效勞，晉獻公就讓他做了一名奴隸，成為公主的陪嫁奴僕。

秦穆公聽說這件事之後，大喜，派公子縶到晉國迎親，命他務必將百里奚帶回秦國，不想百里奚卻在中途偷偷逃走。秦穆公非常遺憾，命人不惜一切代價找回百里奚。

百里奚當初是趁亂逃走的，不想逃到了楚國邊境線上的宛地。楚國士兵將他當做奸細抓了起來，楚成王看百里奚一把年紀了，應該不能做什麼大事了，就將他派到南海牧馬。

秦穆公得知百里奚在楚國，趕緊命人備了一份厚禮，想以此換回百里奚。大臣公孫枝知道後，趕忙對秦穆公說：「萬萬不要用厚禮交換，楚國人不知道百里奚是個人才，讓他牧馬，做著最卑賤的事情。如果大王用重禮與楚國交換，楚國就知道這是一個賢能之士了，楚成王怎麼可能將這樣的人才送給我們呢？不如我們就以一般奴僕的價錢，用五張羊皮將百里奚換過來。」

　　楚成王不知道百里奚是一個人才，當他看到秦穆公拿著五張上等羊皮交換時，很爽快就答應了條件，百里奚於是被帶到秦國。百里奚到達秦國後，秦穆公迫不及待召見了百里奚，可當他看到百里奚是一個七旬老翁之後，有些失望，脫口而出：「可惜啊，你已經這麼一大把年紀了！」百里奚不甘示弱，回答說：「大王如果讓我追天上的飛鳥、捕捉地上的猛獸，我的年紀的確太大了。但是大王如果與我商討國家大事，我一點都不老。您的願望只不過是讓秦國強大起來。秦國身在邊陲，但卻擁有險要的地勢，擁有強悍的兵馬，進可攻，退可守，這是秦國最有利的條件。秦國只要把握好這些條件，強大起來指日可待。」

　　短短幾句話，不但打消了秦王的疑慮，而且還為他指明了一條道路，秦穆公這才相信百里奚的確是難得的人才，於是封他為上卿，讓他輔佐自己處理國事。沒想到百里奚不肯接受，反而對秦穆公說：「大王，我有一個叫蹇叔的朋友，他比我更有才能，還是請大王封他為上卿吧。我外出遊學的時候曾經被困在齊國，是蹇叔收留了我。我原本想侍奉齊國國君的，但蹇叔阻止了我侍奉齊國，我因此躲過了齊國的政變，他的確是一位有遠見的人。後來我又到了周朝，周王子喜

愛牛，我仗著自己養牛的本領，進了周王室。但是蹇叔又勸阻我離開。後來被殺，這件事再次讓我看到蹇叔的遠見。後來我投奔虞國國君，蹇叔也曾勸阻過我，這一次我沒有聽，結果就遇到虞國滅亡而我被捉的災難。蹇叔幾次三番地作出正確的預測，可見他是一個非常難得的人才啊。」

秦穆公一聽天下竟然有這樣的奇人，立刻派人攜帶重金到蹇叔隱居的地方，請他為秦國效勞。當蹇叔知道秦穆公還比較可靠，為了讓百里奚能在秦國安心留下來，就答應了，跟著使者來到秦國。

秦穆公看見蹇叔肯出山輔佐自己，非常高興，對蹇叔說：「百里奚給我說了很多次，說你是一位很有才能的人，我很想得到你的幫助。」蹇叔說：「秦國之所以沒成為一流強國，是因為威德不夠。」秦穆公就問怎樣才能做到這一點。蹇叔說：「執法嚴格，其它諸侯國就不敢欺負；對待百姓寬容，人們就會擁護。教民禮節，賞罰分明，處事公正，不貪心，不急躁，就能使國家強盛起來。今天很多強國的霸權地位已經衰退，秦國如果能借助這個機會一步步強大起來，稱霸指日可待。」

蹇叔的一番話說得秦穆公心花怒放，他立即封百里奚為左庶長，蹇叔為右庶長，二人被稱為秦國的「二相」。接著，百里奚又舉薦了蹇叔的兒子西乞術、白乙丙，百里奚的兒子孟明視也投奔到秦國來。後來這三位都成了秦國著名的大將，為秦國的強大作出了很大的貢獻。由於百里奚是用五張公羊皮贖回來的，所以人們也稱她為「五羖大夫」。

由於秦穆公非常重視人才，除了百里奚、蹇叔，在秦穆公當政時期，丕豹、公孫支等當時著名的人才都在秦國。秦穆公在他們的輔佐下，國力空前強盛，通過東征西戰，秦國趕走了西戎，擁有了今天西部甘肅、寧夏等地的國土，開地千里，因而被周襄王任命為「西方諸侯之伯」。秦穆公因此成為春秋一霸，秦國開始崛起。

秦晉戰於韓地

秦穆公十二年（西元前648年），晉國遭到了罕見的大旱災，晉惠公派人到秦國，希望秦國能賣給晉國糧食。

秦國大臣丕豹勸說秦穆公不要給晉國糧食，而且要秦穆公趁機攻打晉國。晉國是秦國的姻親之國，秦穆公一時間拿不定注意，就問其它大臣。公孫支說：「有豐收就會災荒，哪個國家都有可能遇到這樣的荒年，我們應該給晉國糧食。」百里奚說：「公孫先生說得很對，夷吾（即晉惠公）雖然曾做出過對你不義的事情，可是晉國的老百姓是沒有罪過的。現在百姓受到飢餓的威脅，您把糧食賣給晉國，正是你樹立仁愛之名的好時機呀。」秦穆公就聽從了公孫支、百里奚的意見，把糧食賣給晉國。就這樣，從雍都出發的水路、陸路，都是前往晉國送糧食的船和車，秦國的糧食源源不斷地到了晉國。

巧的是，第二年秦國也發生了旱災，於是秦穆公就派使者到晉國，希望晉國給予幫助。晉國大臣虢射對晉惠公說：「現在秦國正鬧饑荒，軍中一定缺糧，我們趁著這個機會攻打秦國，一定能獲勝。」晉惠公也覺得這是一個難得的機會，於是就聽從他的建議，攻打秦國。氣憤不已的秦穆公只好應對，他派丕豹率領大軍，自己親自跟去迎敵。雙方的軍隊在韓地見面了。

交戰的時候，晉惠公想要立即取勝，獨自衝鋒，他的戰車就脫離了主力部隊，後來不小心陷到深泥裡，無法再行動。秦穆公看到這種情況，立刻與部下衝過來，準備活捉晉惠公，結果沒想到被其它晉軍包圍了，晉軍一起攻擊秦穆公，秦穆公受了傷，眼看就要被活捉了。緊急關頭，三百多個鄉下人不顧自己的生命安全衝入晉軍的包圍圈，奮力拼搏，秦穆公才得以脫險，晉惠公也因此被活捉。晉國軍隊因為失去了主帥，戰敗了。

原來，早在幾年前，秦穆公曾經在韓地丟過戰馬，後來發現有人已經把自己的馬捉住吃掉了。秦穆公找到他們，對他們說：「你們吃的是我的馬。」那些人當時都很害怕。沒想到秦穆公卻對他們說：「吃肉怎麼能不喝酒呢？我聽說吃馬肉一定要喝酒，否則會死。」於是命人賜予他們酒喝。對於秦穆公的大度，大家既感激又慚愧。因此，當他們聽說秦穆公被晉軍圍困時，說：「昔日秦穆公有恩於我們，現在是我們報答他的恩德的好時候了。」於是拿起兵器，不顧危險闖入晉國的軍營，營救秦穆公，俘虜了晉惠公，並幫助秦軍大敗了晉軍。

對於晉惠公幾次三番的背叛，秦穆公心裡非常氣憤，回國後對大家說：「我們現在齋戒三天，然後殺了晉惠公祭祀上天。」周天子不忍心看昔日的姻親國鬧成這個樣子，於是派人向秦穆公求情，並希望秦穆公看在晉惠公與周天子是同姓祖宗的份兒上，放過秦穆公。秦穆公的夫人穆姬是晉獻公的女兒、晉惠公的姐姐，她光著腳穿著孝服跑來，對秦穆公說：「我如果不能保住自己弟弟的姓名，還有什麼臉面活下去呢？」秦穆公道：「我俘虜了晉國國君，原本以為為秦國做了

一件大好事，沒想到周天子來求情，夫人也來求情，我殺了他恐怕有人不高興啊！」於是就答應放過晉惠公，還為晉惠公換了上等的房間而不是在囚禁在牢獄裡。後來，秦晉兩國訂立盟約，晉惠公遵守之前的承諾，將河西的土地獻給了秦國，根據盟約將太子圉送到秦國作人質。秦穆公不計前嫌，後來還將女兒嫁給圉。

秦穆公二十二年（西元前638年），晉國太子圉聽說晉惠公病重，急著回國繼承王位。他雖然是太子，但當時局勢對他已經不利。原本他還有梁國的外公撐腰，現在梁國被秦國滅了，就沒有了撐腰的人。加之晉惠公的兒子眾多，如果他不能及時趕回去的話，王位很可能就被其它兄弟給搶佔了。他擔心秦穆公不准自己回去，於是沒有打招呼，自己偷偷跑回晉國。第二年，晉惠公去世，太子圉被立為國君，他就是晉懷公。

對於太子圉的逃走，秦穆公原本很生氣，但看到他已經是晉國的國君了，就不再為難他，反而主動與晉國交好，想要再續秦晉之好。但晉懷公卻再也不提這件事了，秦穆公的女兒也被晉懷公拋棄了。這時候，晉懷公要求流亡多年的重耳和跟隨他的大夫們立刻回國，過期沒有回的話，就會懲罰他們。晉國大臣狐突的兩個兒子狐毛和狐偃都是重耳的追隨者，他們跟隨重耳多年，此時正在齊國。晉懷公讓狐突召回自己的兒子，狐突沒答應，晉懷公就把狐突殺了。

多次被晉惠公、晉懷公父子惹怒，秦穆公忍無可忍，一定要報復晉國。於是就打算將重耳扶上晉國的王位，遂派人到楚國，將正在楚國的重耳接回秦國，將原來嫁給晉懷公的女兒又嫁給重耳。重耳原本

不好意思娶自己的侄媳婦，但被跟隨者勸說之後，才肯接受。重耳原本就是一個賢明的人，現在又願意收留自己的女兒，秦穆公非常敬重他。

秦穆公二十四年春，秦穆公派人到晉國，對眾大臣說了想要擁護重耳繼承王位的意思，並且命人派軍隊將重耳送回晉國。在秦國和一些晉國大臣的支持下，重耳順利繼承晉國王位，重耳就是晉文公。晉懷公逃亡，不久被殺。

重耳繼位後，將河東五城送給秦國作為酬謝，秦國的國土再次擴大。

崤之戰

秦穆公自從重用百里奚、蹇叔等一批人才之後，國勢漸強，於是他開始圖謀霸權，繼續向東推進。

周襄王二十二年（西元前630年），秦穆公跟晉文公一起圍攻鄭國，雙方約好晉軍從東、北兩面圍鄭，秦軍從西面圍鄭，晉軍駐在函陵（今河南新鄭縣），秦軍駐在氾南（今河南中牟縣南）。

鄭國危機突現，鄭國大臣燭之武連夜面見秦穆公，對秦穆公說：「現在晉國和秦國聯合圍攻鄭國，鄭國知道自己肯定要滅亡了。但鄭國滅亡之後對大王您有什麼好處呢？鄭國在晉國的東面，秦國與鄭國之間還隔著晉國，滅了鄭國只會增加晉國的實力，增加晉國的實力就等於削弱秦國的實力。如果鄭國沒有滅亡，鄭國願意追隨秦國，秦國向東去的時候，鄭國作為東方的國家，願意供奉秦國往來的使臣，這對秦國來講不是好事一件嗎？你對晉國國君曾經有過恩惠，晉國國君當時答應將焦、瑕兩地割給秦，但他早上渡過黃河，晚上就對秦國設防。晉國如果向東併吞了鄭國，那麼將來向西的話，只有侵略秦國了。由此看來，滅鄭國不但不利於秦國，還會危害秦國的利益。大王您好好考慮一下這其中的利害得失吧！」

秦穆公聽到這番話，恍然大悟，於是不再幫助晉國，反而單獨與鄭國結盟，並將杞子、逢孫、揚孫三位大夫助鄭戍守，自己帶兵回去了。晉國大臣得知秦國撤兵後，非常生氣，向晉文公建議攻擊秦國。晉文公卻認為，秦國對自己有恩，現在攻擊秦國是不仁義的；而且從大局出發，攻擊秦國就等於失去了一個盟國，失去這樣一個強大的盟國也不利於霸主地位的建立，還是暫時不要與秦國撕破臉皮。於是晉國也與鄭國講和，晉軍也回去了。經過圍鄭事件，秦晉雖然沒有交惡，但昔日親密無間的情誼已經不再。

周襄王二十四年（西元前628年），晉文公和鄭文公先後去世。留在鄭國的秦國大夫杞子連忙向秦穆公密報，趁晉國、鄭國兩國大喪的機會攻打鄭國，還稱自己已經掌握了鄭國都城的城防情報，如果秦國攻打鄭國，大家裡應外合，一定可以滅亡鄭國。多年以來，向東擴展一直是秦穆公的夙願，聽到這個消息他大喜，立刻決定發兵中原。

可是，當秦穆公將這個消息告訴百里奚和蹇叔等大臣時，大家對於是否伐鄭，意見並不統一，蹇叔就是一個堅決反對者。他對秦穆公說：「鄭國與我們相距太遠，秦軍想要偷襲鄭國，千里迢迢地趕過去，怎麼會沒有人知道呢？鄭國肯定會有所防備，我們成功很困難。」秦國與鄭國相距一千五百多里，途中經過桃林、崤函、轘、虎牢等數道雄關險塞，一不小心，秦軍可能就會吃虧。但滅掉鄭國的誘惑是在太大了，秦穆公恨不得立刻將鄭國的國土據為己有，於是不聽蹇叔的意見，堅持伐鄭。秦穆公命百里奚的兒子孟明視為大將，命蹇叔的兒子西乞術和白乙丙為副將，令他們前去攻打鄭國，三位大將領命。

秦軍出發的時候，蹇叔哭著送別兩個兒子，他對他們說：「你們這次出兵肯定會敗，晉國肯定會埋伏在崤山等著你們，你們就小心著吧，我會到崤山為你們收屍的。」還沒出兵就說這麼晦氣的話，秦穆公氣得大罵，催促秦軍連忙上路。

秦軍經過周朝都城洛陽的北門時，周天子命貴族前去觀看。秦軍過北門按照禮節脫去頭盔，下車步行，然後又飛快上車，秦軍三百乘戰車的兵士莫不如此。貴族王孫姬滿當時才十歲，他看到秦軍這個樣子，對周天子說：「秦軍輕慢無禮，一定會被打敗。」

秦軍經過滑國（都城在今偃師市東南緱氏鎮），遇到鄭國大商人弦高。弦高原本想要到洛陽賣牛羊的，他看到秦軍來勢洶洶，大吃一驚，連忙派人回國報告鄭國國君。然後，弦高趕著自己的牛羊，笑吟吟地走向秦軍，對秦軍說：「我是鄭國派來的使臣，聽說你們來了，我們的國君命我獻上十二頭牛、十二頭羊和美酒來犒勞秦師。」孟明視、西乞術和白乙丙聽到這話，還以為鄭國已經做好了防備，不敢再繼續向前了，於是率領大軍返回。

鄭國國君鄭穆公聽到弦高報告的消息之後，立刻派人檢查杞子等秦人的館舍，杞子知道自己做內應的陰謀已經敗露，不敢再在鄭國久留，匆忙逃到齊、宋兩國。

秦軍在返回的途中，順道滅了滑國，奪回大量珠寶、糧食和衣物，然後向西返回自己的國家。晉國此時正大喪，當聽說秦師千里襲鄭，滅滑而還，大家都商量該怎麼辦。大臣原軫主張討伐秦師，大臣欒枝卻說：「秦國國君對晉文公有恩，我們還沒有報答他們的恩惠反

而討伐他們的軍隊，我們有什麼臉面對死去的先君呢？」原軫說：「先君大喪，秦國不派人來弔喪，反而滅掉我同姓（晉、滑同姓）的國家，這就是無禮了。如果我們今日放縱他們，將來他們必定成為我們的災難。」新即位的晉襄公權衡利弊，決定聽從原軫的建議，討伐秦軍，並與姜戎越好，共同破秦。然後，晉襄公穿著孝衣，親率晉軍伏擊秦軍。

秦軍途經澠池（今河南澠池縣），白乙丙想起父親的忠告，對主帥孟明視說：「馬上就要到崤山了，這裡地勢險要，不知晉軍是否會在此埋伏，我們大家可要小心啊。」孟明視仗著秦軍強大，沒有聽從他的勸告。大軍行到崤山的時候，因為千里奔波，無功而返，人馬疲憊，士氣低落。這時候，早已守候多時的晉軍突然殺出來，秦軍倉皇應對，不敵，全部被殺。孟明視、西乞術和白乙丙三員大將都被俘虜，晉軍輕而易舉就獲得大勝。

晉軍得勝回來之後，已經嫁給晉文公的文嬴——秦穆公的女兒，聽說秦國三位大將被俘，對晉惠公說：「秦晉原本是親戚，兩國的關係很好，現在殺了秦國的大將，恐怕會壞了兩家的和氣。秦軍已經戰敗了，秦國國君肯定很恨這三位大將。大王您不如趁機將他們放回去，讓秦軍自己親手處置他們。這樣就不會傷害了我們兩家的和氣。」母親求情，況且說得在理，於是晉惠公就派人將他們放了。大臣聽說之後，說這是「放虎歸山」，是婦人之見，晉惠公醒悟，於是派人去追。可追兵趕上的時候，孟明視等人已經坐上船離開半天了，追兵騙他們回來，但孟明視等人識破了他們的騙局，不肯回去，晉軍也沒有辦法。

孟明視、西乞術和白乙丙僥倖逃回國之後，秦穆公不但沒有怪罪他們，反而讓他們繼續掌握兵權，並且留著淚承認討伐鄭國都是自己的錯。孟明視三人對秦穆公非常感激，決心立功贖罪。

　　周襄王二十七年，秦穆公再派孟明視率兵攻打晉國，但又被晉軍打敗。秦穆公仍舊沒有責怪孟明視，反而認為上天滅亡晉國的時間還沒到，仍舊讓他繼續掌握兵權，孟明視對秦穆公更加感激。

　　周襄王二十八年（西元前624年），秦穆公認為征討晉軍的時機到了，於是親自掛帥出征，帶領秦軍殺到晉國。孟明視有感於以前的戰況，懷著報恩的心態，在大軍渡過黃河之後，命令士兵將戰船燒毀，表明自己誓死一戰的決心，秦軍的士氣非常高昂。這次，秦軍勢如破竹，打敗了晉軍，奪得了晉國都城。秦穆公帶領大軍來到崤山當年的戰場，將崤山之戰中的將士屍骨埋好，親自祭拜了他們。

　　崤山之戰後，曾經的秦晉之好徹底消亡，秦晉關係由友好轉為世仇。秦國聯合另一個大國楚國共同對付晉國，晉國的霸權地位受到嚴重威脅，從此不復霸主風采。

由余歸秦

由余的祖先是夏禹的三子少康，由余因為躲避災難的緣故，來到西戎。

秦穆公三十四年（西元前626年），西戎王聽說秦穆公是一個賢明的人，就派由余出使秦國，借機打探秦國的國勢和動靜。

秦穆公知道由余來的目的，故意向他炫耀秦國高大的宮殿，富饒的土地，堆滿的糧倉，讓由余見識秦國的強大。由余卻說：「秦國的宮殿的確很雄偉壯觀，秦國的糧食也的確很多，但這一切如果都是用秦國百姓的血汗換來的，恐怕百姓也很辛苦了。」

秦穆公對此很奇怪：「中原人治理國家是通過詩書禮樂法度，即使有這些賢德的規範，國家尚且會陷於亂世。戎夷沒有詩書禮樂法度，要治理國家恐怕比我們還要難。」

由余說：「中原正是有了詩書禮樂法度，所以才難以治理。上古的聖人黃帝曾經創造了禮樂法度，自己帶頭執行，也只是僥倖地實現了小範圍的太平。中原地區後來的君主，一個比一個驕奢淫逸，依仗著有詩書禮樂法度，命令百姓聽從這些。百姓無法忍受，而國君為了統治就想要獲得更多的仁義。這樣國君與百姓之間互相怨恨，以至於

後來國家內亂不已，天子甚至被殺，斷了種族，禍根就是這些禮樂法度啊。戎族卻不靠這些治理國家，戎族的國君對待自己的臣民非常仁德，臣民對國君也很忠誠，整個國家就像一個人可以隨意支配自己的身體一樣，根本用不著禮樂法度這些方法，我認為這才是真正的聖人之法。」

由余所描述的場景，正是秦穆公渴望的。況且由余這麼聰明、善辯，愛才的秦穆公不由得生出敬意。

秦穆公就問內史王廖：「我聽說，兩個相鄰的國家，如果其中一個國家出了一位很賢德的人，那麼必定會對另一個國家造成威脅。現在我們的鄰國西戎出了由余這麼一個厲害的人，他肯定會威脅我們秦國，我現在該怎麼辦呢？」

內史廖回答說：「西戎王終年駐守在西北蠻荒之地，他肯定過得很枯燥，大王你不妨送他幾個藝妓，讓他整天沉浸在她們的包圍之中，這樣他就沒有心思想國事了，也就不會記得召回由余了。大王可以趁機讓由余在秦國多待一段日子，再找機會留住他，不讓他回去。由余待得久了，西戎王就會懷疑，這樣他們君臣之間的信任就沒有了，到時候大王可以坐收漁翁之利。況且西戎王忙著享樂，怎麼會有心思管理國務呢？」

秦穆公認為這個方法不錯，就命人為西戎王送去十六個能歌善舞又美貌的藝妓。西戎王果然很高興，天天與這些藝妓在一起享樂。西戎是一個游牧民族，一年四季靠放牧為生，牛羊吃完了一個地方的水草，他們就要遷徙到另一個地方。如今西戎王終日享樂，沒有心思管

遷徙的事情，結果一年了西戎都不曾遷移過地方，很多牛羊因為沒有草吃而餓死了，西戎王也不管。

而這邊，秦穆公趁機將由余留在秦國，天天待他如上賓，每天都親自陪他吃飯，還讓由余跟自己一起坐，並親手為他傳菜遞酒。兩人一邊吃，一邊聊，秦穆公在閒聊之中摸透了西戎的情況。當西戎王的牛馬都餓死且國內出現危機的時候，秦穆公終於答應了由余一再要求回國的請求。

由余遲遲未歸，西戎王已經不再信任他了，而由余對於西戎王終日沉醉酒色的行為也很不滿，多次勸諫，西戎王卻一概不理。君臣以往的親密和諧不復存在，由余空有一腔盡忠報國的抱負，卻沒有了施展的機會，不由得心灰意冷。秦穆公適時邀請由余到秦國，由余報國無門，又覺得秦穆公是一個明君，就毅然決然地背叛了西戎，來到秦國。

秦穆公花了這麼大的工夫，就是為了得到由余這個人才，當他得知由余來秦，非常高興。他不把由余當臣子看，而是像客人一樣對他很尊敬，一切都照顧得很周到。由余對秦穆公的禮遇也非常感激，於是就主動問他秦國目前的形勢，並幫他制定了統一西方戎族的具體策略。

秦穆公三十七年（西元前623年），在由余的幫助下，秦軍出征西戎，以迅雷不及掩耳之勢打敗了西戎，擒獲了綿諸王。接著，秦穆公趁機西進，快速征服了西戎大小二十多個戎狄部落，開闢國土千餘里，秦國的國界也向西達狄道，向南至秦嶺，向北至朐衍戎，向東到

黃河，成為西戎地區的霸主。這為秦國的發展爭得了一個廣闊而又相對獨立的空間。

從西周開始，北方游牧民族一直是中原地區的大患，誰也沒有能力征服他們，周天子為了避開他們還不得不將都城東遷。現在秦穆公做到了很多人都沒做到的事，不但贏得了西邊的霸權，而且讓秦國從此聲威大增，周天子為此專門派人到秦國，賜予秦國金鼓，並封秦穆公為「西方諸侯之伯」，秦國在諸侯中的影響和地位大大提高，秦穆公從此位列春秋五霸。

自從秦晉殽之戰後，秦國向東擴張領土已經不可能，向西又有強大的西戎。由余背戎到秦，為秦國的發展提供了一個廣闊的戰略縱深和發展空間，秦國這才由一個偏處西隅、被稱為夷戎的落後邦國發展成為吞併六國、統一天下的強大帝國。因此，由余死後，秦穆公悲痛萬分，停止上朝一日哀悼他，並為他建造了四座墳墓。由余的後代也因此而獲殊榮，他的子孫乾脆以「由余」作為姓氏，由氏和余氏就是由余的後代。

秦始皇本紀

清除權臣

秦始皇是中國歷史上第一個使用「皇帝」稱號的君主。他是秦國莊襄王子楚的兒子，嬴姓，趙氏，名政。

當時，陽翟（今河南省禹州市）的大商人呂不韋在趙國，他往來各地做生意，以低價買進，高價賣出，所以累積起千金的家產。他到邯鄲去做生意時，剛好遇到日常財用不足、生活困窘的子楚。

子楚是秦昭王的孫子，被當做人質留在趙國。呂不韋在見到子楚後，認為子楚是奇貨可居，心裡非常歡喜。後來，呂不韋親自拜訪子楚，並對他允諾道：「我能助你回國登上王位。」子楚笑著說：「那我就讓你做丞相。」這以後，子楚結識了呂不韋的姜，十分喜愛，後來這個姜懷孕了，子楚就娶了她，在邯鄲生了個男孩，起名嬴政。而這一時期，呂不韋送給子楚五百金作為日常生活和交結賓客之用後，就自己帶著珍奇玩物西去秦國。

當時，華陽夫人是子楚的父王安國君的寵妃。呂不韋帶著重金找到華陽夫人，希望她能在安國君面前說好話，將子楚立為繼承人。華陽夫人想到安國君百年之後自己會有新的靠山，因此答應幫忙說服安國君。華陽夫人果然做成了這件事，不久，子楚就被華陽夫人認作乾兒子，後被立為太子。

一年後，安國君突發疾病去世，子楚繼位，他就是秦莊襄王。莊襄王登上王位，兌現了自己的諾言，呂不韋成為秦國的丞相，被封為文信侯，食邑河南洛邑十萬戶。三年後，莊襄王去世，秦王嬴政即位。此時秦王年紀尚幼，不能執掌國家大事，朝政就落到呂不韋手中，嬴政稱呂不韋為仲父。

　　當時的情況是，天下諸侯國為了擴大自己的勢力，都禮賢下士，廣交天下賓客。有四個人在這方面做得特別突出：魏國的信陵君，楚國的春申君，趙國的平原君，齊國的孟嘗君。呂不韋自以為秦國強大，認為自己有奴僕萬人，沒有必要豢養士人，並將爭搶士人當做一件可恥的事情。那時候流行著書立說，於是呂不韋也附庸風雅，招來天下文人，為他們提供優厚的待遇，要求他們將自己的所見所聞記錄下來。秦國是強國，呂不韋又身為相國，人們聽說後，紛紛前去，以至於呂不韋門下的食客多達三千人。這些人按照呂不韋的要求，幫他著書立說，終於寫成一本共二十多萬言的《呂氏春秋》。呂不韋自認為自己的書包羅了天下所有人和事，非常得意。

　　嬴政一天天長大，對呂不韋把持朝政的事越發不滿。而呂不韋本人不但掌控著秦國的政事，還和太后趙姬偷情，後來他擔心被嬴政發現，不敢再去幽會。但太后又怨恨他，呂不韋於是向太后獻了一名名叫嫪毐的假宦官，從此不再與太后糾纏。

　　太后最初對呂不韋很不滿，後來她發現嫪毐比呂不韋更好，於是就轉而寵愛嫪毐。兩人經常在一起，太后不久就懷孕了。太后擔心嬴政發現，於是就以風水不好為由，想要搬到離嬴政比較遠的雍地宮殿

中居住。嬴政信以為真，就讓太后搬到雍地宮，太后不久在雍地宮生下她和嫪毐的私生子。

嫪毐因為得到太后的寵信，聚集起大量財富，他的身份也因此改變，也效仿四君子飼養門客，很多人都慕名前去投靠他。嫪毐後來以秦王嬴政假父自居，在太后的支持下被封為長信侯，擁有山陽、太原等地。從此，嫪毐便自收黨羽，成為繼呂不韋後又一股強大的政治勢力。

嫪毐與呂不韋不同的是，他為人不知進退。有一次酒醉之後，他以嬴政假父的身份斥責一個大臣，這個大臣很惱火，於是將這件事告訴嬴政。嫪毐聽說後，擔心嬴政對自己不利，於是決定先下手為強，準備發起叛亂。

秦王政九年（西元前238年），有人揭發了嫪毐的真實身份，說他不是宦官，而借宦官之名與太后有私情，並生下了兩個兒子。傳言還說，嫪毐跟太后密謀，準備在嬴政死後立嫪毐的兒子為皇帝。嬴政知道嫪毐與母親的關係後，非常惱火，命令將這件事查清楚。

事情很容易就調查清楚了，嫪毐擔心，於是趁嬴政在雍城蘄年宮舉行冠禮的時候，動用秦王御璽及太后璽發動叛亂。嬴政在蘄年宮布置了三千精兵，嫪毐之亂被平定了。不死心的嫪毐轉而攻打咸陽宮，仍舊以失敗告終，嫪毐帶領一幫人倉皇出逃，但不久就被嬴政擒獲。嫪毐被嬴政處以車裂之刑，曝屍示眾，他和太后生的兩個私生子被摔死，太后則被嬴政囚禁。

在對付嫪毐的過程中，呂不韋因為舉薦嫪毐，也受到了牽連，加之嬴政已經長大成人，早就不滿他把持朝政，於是罷免了他的相國之職，將他趕往洛邑的封地。此時的呂不韋在各國已經有了一定的威望，他雖然被罷免，但其它六國的使者和賓客還是去探望他。嬴政不滿，於是又命他遷往蜀中。在嬴政的不斷打壓下，叱吒一時的呂不韋走投無路，自殺了，他的追隨者自然樹倒猢猻散，呂不韋在秦朝的政治勢力瓦解了，嬴政掌握了朝政。

同年十月，齊國人茅焦勸說秦王道：「此時正是秦國奪取天下的大好時機。我只是恐怕秦國的名聲會因大王流放太后而毀掉，因此遭到諸侯的背棄啊。」秦王於是從雍地接回太后，仍讓她住在甘泉宮。

兼併六國

呂不韋、嫪毐等人對朝政的影響被嬴政徹底清除了以後，嬴政又開始在秦國大規模地進行搜索，驅逐在秦國做官的別國人，一直到李斯上書才廢止。另外，李斯借機勸說秦王去攻取韓國，以此來殺雞儆猴。

魏國都城大樑有一個叫尉繚的人求見嬴政，嬴政尊重他，於是穿了跟他一模一樣的衣服，連招待時吃的飯菜也跟他的一模一樣。尉繚對嬴政說：「秦國現在這麼強大，就像是其它諸侯的首腦。但是，如果秦國不加防範的話，其它諸侯可能會聯合在一起對付秦國，那時候秦國的處境就不妙了。從前的智伯、夫差、愍王之所以滅亡，就是忽略了這個因素。我希望大王不要吝惜錢財，應該給各國權貴大臣送禮，借助他們的力量，避免其它諸侯國彼此合縱。這樣秦國只不過損失幾十萬金，可天下諸侯就都成了大王的了。」嬴政覺得這個主意不錯，就按照他說的來行動。

尉繚拜見嬴政之後，對別人說：「秦王高鼻樑，大眼睛，這是虎狼之相。這樣的人，在窮困的時候會禮賢下士，但是得志的時候就容易傷害人。我只是一介貧民，他現在見到我表現出禮賢下士的樣子，但是如果將來他奪得了天下，天下人都將成為他的奴隸，我可不能跟

他共事。」嬴政知道之後，就極力挽留他，還封他為國尉，一切治國之道都聽從於他，讓他跟相國李斯共同管理國家大事，並著手統一全國的規劃。

秦王政十六年（西元前231年），韓國南陽郡代理郡守騰將自己的轄地獻給嬴政，於是嬴政封他為內史，後又派他攻打韓國。騰出身韓國，對韓國的情況很瞭解，所以攻打韓國進行得很順利。第二年，騰就俘獲了韓王安，韓國滅亡。魏國擔心秦國對付自己，於是主動將麗邑獻給嬴政，希望借助這段時間等待援兵。

秦王政十八年（西元前229年），趙國發生大地震，引起災荒，嬴政利用這個機會，派大將王翦攻打趙國。趙國慌忙派李牧、司馬尚率兵抵抗，交戰雙方勝負難分，僵持了一年。後來，王翦用重金收買了趙王的寵臣郭開，讓他散步謠言，說李牧、司馬尚企圖謀反。趙王輕信了謠言，派人替代李牧。李牧認為「將在外而軍令有所不受」，目前形勢危急，不能放手，因而拒絕交出兵權，被趙王秘密處死，司馬尚也未能幸免於難。除去了這兩員大將，秦軍再也不擔心趙軍了，攻打趙國進行得非常容易。第二年，趙國的都城邯鄲被秦軍攻克，趙王被迫獻出趙國的地圖降秦，趙國等於沒有了國土。趙王的公子嘉帶著一夥人逃到代郡（今河北蔚縣），自立為代王。

同年還發生了兩件大事：

第一件事，楚幽王死，他的同母弟弟猶繼位，是為楚哀王。楚哀王繼位才兩個多月，就被同父異母的哥哥負芻的門徒殺掉了，負芻成為楚王，但政局不穩，楚國內部政權鬥爭嚴重，楚王室即將分崩離

析。

第二件事，燕王眼見秦國掃平韓、趙、魏三國，心中十分擔憂秦國隨時撲過來，但又不知道採取什麼辦法可以幸免於難。燕太子丹想了一個看似一勞永逸的辦法：刺殺秦王。他安排荊軻去刺殺嬴政，但刺殺不成功。差一點亡於刺客手下的嬴政對燕國非常痛恨，剛好以此為藉口大舉進攻燕國。

秦王政二十一年（西元前226年），秦軍攻克燕都城薊（今北京市），燕王喜與太子丹逃亡，秦國大將李信率領秦軍千人對他們緊追不捨。最終，太子丹因為潛伏在水中，成功逃脫。燕王擔心秦國不會就此甘休，於是將太子丹殺掉，將他首級獻給秦國，希望秦國放過燕國，燕王喜然後逃到遼東。

與此同時，楚國發生內亂，嬴政於是抽調伐燕的秦軍，轉而南下攻打楚國。秦軍所到之處，所向披靡，連續攻克楚國十餘個城池。

秦王政二十二年（西元前225年），在秦軍主力南下攻楚的時候，秦將王賁出兵魏都大樑（今河南開封）。魏軍緊閉城門，堅守於城內。大樑經過多年的修葺，已經非常堅固，易守難攻，秦軍攻了很久也沒有攻下。最後王賁想出水攻的辦法，他讓士兵們挖掘管道，將黃河及鴻溝的水引向大樑。三個月後，大樑的城牆被浸坍，秦軍不攻而城自破，魏王只得投降，魏國徹底滅亡。

秦王政二十一年（西元前224年），嬴政又派李信率二十萬秦軍攻楚，楚軍同仇敵愾，秦軍暫時受挫。於是嬴政又派王翦率六十萬秦

軍攻楚。王翦進入楚國之後，總結了李信輕敵冒進的教訓，採取屯兵練武的方式來麻痺敵人，一直這樣堅持了一年。第二年，秦軍對楚地的地理環境已經完全適應了，大家一年多沒有打仗了，個個體力充沛，都躍躍欲試。而楚軍一年多來只見秦軍操練，不見進攻，漸漸放鬆了警惕，加上前來援助的楚軍糧草已經不足了，就準備撤軍。王翦抓住這個機會，下令秦軍痛擊楚軍，陳縣往南直到平輿縣的土地都被秦軍佔領，楚王也被俘虜。楚將項燕擁立昌平君做了新的楚王，在淮河以南繼續反秦。此時楚軍的主力已經被全部擊敗，秦軍挺進楚國內地，痛進無人之境，項燕負隅頑抗也不能支持多久了。很快，項燕兵敗被殺，楚王負芻被俘，楚國滅亡。王翦於是平定了楚國的長江以南一帶，並順便降服了越族的首領，整個長江流域都成了大秦的國土。

在北方，秦王政二十五年（西元前222年），王賁奉命追擊燕國在遼東的殘餘勢力，俘獲了燕王姬喜，燕國徹底滅亡。同時王賁又進攻代國，俘虜了代王趙嘉，代國滅亡。

秦王政二十六年（西元前221年），結束了北方戰事的王賁被嬴政命令攻打最後一個諸侯國——齊國。齊王田建和相國後勝率領軍隊防守在齊國西部邊境，那裡易守難攻。於是嬴政又命王賁經由燕國往南進攻齊國，齊國被秦軍雙方夾擊，很快滅亡。

至此，嬴政已經完全兼併了韓、趙、魏、楚、燕、齊六國的國土，統一了天下。

秦始皇統一天下

　　嬴政吞並了六國之後，立刻召見丞相王綰、御史大夫馮劫、廷尉李斯等大臣商討國事。

　　嬴政說：「從前韓國交出土地，獻上印璽，願意為秦國守衛邊境，成為秦國的臣子，但不久他們違背了自己的誓約，轉而與趙國、魏國聯合反秦，所以我征討他們，俘虜了韓國的國王。我原本以為這樣就能停止戰爭了。後來，趙國派相國李牧來訂立盟約，我就放了他們的人質，但不久趙國也違背盟約，在太原反秦，我這才派兵征討他們，俘虜了趙王。趙公子嘉又自立為王，我這才派兵滅了趙國。還有魏國，它原本是歸附秦國的，但後來由於韓國、趙國合謀反秦，我這才派兵去攻打魏國。楚國呢，楚王曾經獻出青陽以西的地盤給我們，但後來又後悔，派兵襲擊中國南郡，所以我派兵去攻打楚國，俘虜了楚國的國王，平定了整個楚地。燕王是最荒唐的一個，他的太子丹竟然派荊軻來刺殺我，於是我只能派兵討伐他，滅了他的國家。齊國雖然沒做出什麼特別過分的事，但他不糾集軍隊，不與我們秦國使臣來往，這是明顯的叛亂行為，我只能派兵去討伐齊國，俘虜了齊國的國王，代替齊王治理他的國家。」

　　嬴政接著說：「我派兵討伐應該討伐的人，六國的國王都已經受

到了應有的懲罰。現在，天下安定了，如果還用以前的名號就無法光大我們的事業。大家商量一下，我們的帝王名號應該用什麼比較好？」

丞相王綰、御史大夫馮劫、廷尉李斯等都說：「從前，五帝擁有廣袤的土地，還有侯服、夷服等五服地區，但是天下的諸侯尚且有人朝覲，有人不朝覲，英明的五帝也不知道怎麼控制這一點。現在我們大秦興的是正義之師，討伐的都是有罪的人，天下這才被我們平定了。我們在全國設置郡縣，使得天下的法令都統一起來，這是前所未有的光輝業績，連五帝的功勞也庇護陛下您啊。因此，雖然古有天皇、地皇、泰皇三皇，其中以泰皇最尊貴，我們冒死向陛下您獻上尊號，就稱為『泰皇』吧，下發的教令都稱為『制書』，下命令稱為『詔書』，大王自稱為『朕』。」

嬴政對這個稱號不滿意，他說：「可以去掉『泰』字，留下『皇』字。用三皇一個字，然後再用五帝一個『帝』字，我就是『皇帝』。這事就這麼定了。至於其餘的尊號，可以按照你們大家的想法來做。另外，我聽說上古只有號沒有諡，中古有號也有諡。這個『諡』就是死後定的，讓兒子議論父親，讓臣子議論他們死去的君主，我覺得這個諡完全沒有必要。那麼從今以後，我的天下就不准用諡法了。我是第一個皇帝，就稱始皇帝，我的後代從我這裡開始，以此為二世、三世直到萬世，大秦世代相傳，無窮無盡。」

除了尊號的問題，秦始皇還制定了其它統一的規範。如按照水、火、木、金、土五行相生相剋的道理，周朝是火德，秦取代周統一天

下，水克火，因此秦朝就是水德。秦始皇於是就根據卦爻，將十月初一這一天改為一年的開始，舉國上下的衣服、符節和旗幟的裝飾，都用褐色。由於水德屬陰，《周易》中表示陰的符號叫做「元」，於是秦始皇就把數目以十進位改成以六進制，符節和御史所戴的法冠都規定為六寸，全國的車寬也統一規定為六尺，六尺為一步，一輛車駕六匹馬。另外，秦始皇認為仁愛、恩惠、和善、情義等儒家的思想與水德不符，所以不在全國推廣這些，而是根據法律治國，主張以苛刻的手段和殘酷的刑罰來統治天下。

丞相王綰說：「諸侯國如今剛剛被打敗，燕國、齊國、楚國距離中央朝廷較遠，如果不為他們設置王的話，恐怕這些地區的形勢難以安定下來。始皇帝不如將自己的皇子封為王，讓他們去鎮守這些偏遠地區，也便於天下的安定。」始皇帝讓群臣議論這個方案的可行性，大部分人都覺得可以。

李斯卻認為：「周朝剛開始得時候，文王、武王分封了很多子弟和同姓王，可是傳承到後面，後代之間的關係就疏遠了，各諸侯國之間像仇人一樣互相攻擊，諸侯國之間經常兼併、混戰，以至於周天子都沒辦法管理。現在大秦統一了天下，已經劃分了郡縣，就不要再封王。對於皇子和功臣，陛下可以用公家的賦稅重賞，這樣無論傳承多少代，都容易控制。只要天下人都沒有異心，這樣控制大家更容易保持天下太平；設置諸侯國卻很難做到這一點。」

對於李斯的建議，秦始皇認為很有道理，他說：「天下之所以征戰不休，不就是因為這些諸侯國嗎？我們的將士經歷這麼多奮戰才消

滅了諸侯國，平定了戰亂，天下這才安定下來。如果這時候再設置諸侯國，不等於又埋下戰爭的種子嗎？人們再想擁有太平，恐怕就很困難了。」眾大臣附議。

於是，秦始皇將天下分為三十六郡，每個郡都設置守、尉、監等官吏。為了避免不必要的麻煩，又下令收繳天下兵器，將收繳上來的兵器都熔化之後鑄成大鐘和銅人，然後放在皇宮裡。

此外，秦始皇還統一了法令和度量衡，又規定全國車輛兩輪間的寬度要保持一致，文字要用統一的篆書。而之前各諸侯國的法令、度量衡、車寬、文字全部廢除。

做完這一切，秦始皇又將天下富豪人家遷到咸陽居住，在咸陽北面的山坡上仿造以前諸侯國的宮殿建造了每一個諸侯宮室，各個宮室里居住著從各諸侯國得來的美人或存放珍寶。除此之外，每個宮殿裡還有精美的天橋、環行長廊、各國的鐘鼓樂器。總之，宮殿之豪華、龐大、壯觀，前所未有，它們象徵著秦始皇統一天下的偉大功績。

秦始皇出巡

　　秦王政二十七年（西元前220年），秦始皇為了想看看自己的土地是多麼廣袤，自己創造的功績是多麼偉大，效仿古代的舜帝，到全國各地出巡。

　　他第一次出巡，到了祖先的發源地，來到隴西、北地，經過雞頭山，然後在渭水南面建造信宮。後來，秦始皇把信宮改名極廟，表明它是天極的北極星。建立極廟之後，秦始皇又命人開通從極廟到酈山的道路，並修建了甘泉前殿，在兩旁修建了築牆的甬道。這個工程一直從咸陽連接到驪山。

　　從咸陽連接到驪山的通道，激發了秦始皇的另一個靈感。當時各地原來諸侯的勢力還很強，為了加強統一，秦始皇下令在全國修建通向全國各地的馳道，這樣一方面行走起來更方便，便於秦始皇管理六國舊地；另一方面，便於為前線提供戰爭補給；更重要的是，秦始皇以後出巡的時候，可以暢通無阻。

　　西元前二一九年，秦始皇帶著王離、王賁、趙亥、王綰、李斯等大臣到東方巡視，來到山東鄒縣的嶧山。秦始皇為自己的功德感動，在山上立下石碑，又讓儒生們在上面記錄自己泰山祭天、梁父山祭地

和遙祭名山大川的事蹟。接著，秦始皇就率領群臣登上泰山，築壇立碑，舉行了成大的祭天盛典。

石碑上面這樣寫著：始皇帝登基之後，政治清明，臣子謹慎，終於在第二十六年（西元前222年）統一天下，獲得了四海的歸順。於是始皇帝親自巡視遠方，登上泰山，遙望東方。思及先人的偉績，想起先祖最初的事業，為大秦現在的功德而感到自豪。始皇帝在全國實施治世之道，發展各種產業，振興一切大德，弘揚一切美善，並將這些傳承給子孫後代，永遠都不再改變。始皇帝為政清明，終於平定了天下，但他對國政絲毫不懈怠，依舊每天起早貪黑，為國家的長遠利益而謀劃；同時專心教化民眾，以宣導教育人民，使聖人的旨意都得到尊奉。從此，天下貴賤清楚分明，男女有別，大家都虔誠地遵守自己的本分。大秦的光明照耀海內外，天下處處太平，後世永遠遵守始皇帝的德政，讓子孫後代得到教化。後人一定要遵從始皇帝的遺詔，永遠供奉始皇帝的重大告誡。

然後，始皇帝又率領群臣在梁父山舉行祭地，接著沿著渤海岸往東走，以此經過黃縣、腄縣，征服成山，登上之罘山，又樹立石碑歌頌秦的功德。繼續向南走，秦始皇登上了琅琊山，他很喜歡那裡，於是在那裡停了三個月，命人重新修築了琅琊臺，依舊立石碑，上面刻寫上自己的功德。

這個碑文的大意是要說明：始皇帝一登基就嚴明了法度，整飭了朝綱，表明了人事之宜，提倡子孝父慈。始皇帝是一個聖人，他為大家講述各種道理，親自登上東方的土地來犒勞士兵。他施行重農抑商

的政策，讓天下的百姓都富裕起來。天下人都為始皇帝的政策歡喜，人人都恭順地聽從他的命令。始皇帝還在全國統一了度量衡，整頓了不好的習俗。如今，他千里迢迢地來到東方，就是為了憐憫愛惜百姓，為此日夜不肯休息，目的就是為大家謀造福利。他勉勵百姓勞動時不要誤了農時，天下在他主導下，一切繁榮昌盛，百姓們不必再忍受戰爭之苦，誰也不想再用兵動武。這樣的天下，六親終得相保，盜寇不復蹤影。大家都歡歡喜喜地遵守法度，都牢記法規。四海之內，都是始皇帝的國土，東到大海，西越過沙漠，南到北戶，北越過大夏。凡是有人的地方，沒有一個人不臣服於始皇帝。他的功勞超過了五帝，他的恩澤遍及到馬牛，沒有一個人不受到他的功德，舉國上下，其樂融融。

秦始皇登上琅琊山之後，為那些願意遷到琅琊臺下居住的百姓免除十二年的賦稅徭役。人們聽到這個好消息，三萬多戶都趕來住在這裡。然後秦始皇繼續到海邊巡行。從前齊地的人告訴始皇帝說：大海中有三座神山，即蓬萊、方丈、瀛洲，有仙人居住在那裡，希望始皇帝准許自己齋戒沐浴，帶領童男童女前去求仙人。始皇帝大喜，於是就派徐福挑選幾千童男童女到海中去尋找仙人。

在返回京都的時候，始皇帝途經彭城，他特意齋戒祈禱一番，希望得到那只落水的周鼎。但是一千人撈了很久，也沒打撈出鼎，只好作罷。一行人又轉到西南地區，渡過淮河之後，來到衡山、南郡、湘山祠。在湘山祠遇到了大風，船無法前行。始皇帝聽本地人說這裡有湘君，就打聽湘君的來歷。大臣告知之後，並說堯帝的女兒，也就是舜帝的妻子埋葬在附近。始皇帝就很生氣，派人將湘山上的樹全部砍

光，曾經茂密的湘山就只剩下裸露的赭紅色土地，看起來好像流血一樣。秦始皇不管這些，大家繼續巡遊，最後從南郡經由武關回到京都咸陽。

西元前二一八年，秦始皇又到東方巡遊。出遊的大軍走到陽武縣博浪沙，楚國公子張良和一名力士前來行刺，雖然這兩名刺客沒有擊中秦始皇的車輛，但始皇帝還是嚇了一跳。於是在全國重金搜捕刺客，但沒有捉到。然後秦始皇登上之罘山，立石碑著文，然後又到東觀刻石立碑，再次到琅琊，後來經上黨返回咸陽。

從此，秦始皇一有機會，就到全國出遊：西元前二一九年和西元前二一八年的兩次東巡，西元前二一五年北巡，西元前二一〇年南巡。最後，秦始皇死在出巡的路上。秦始皇每次出巡的規模都很大，所訪問的地方也很多，以至於東起大海，西到長城的起點，南起衡山，北到包頭，都有秦始皇的足跡，他真正讓自己的足跡遍佈帝國的各處。

入海求仙藥

秦始皇統一天下之後，對東方國土比較關注，曾經兩次東遊。東遊的目的，一方面是為了安撫、開拓東方國土，另一方面就是為了尋找長生不老之術。

秦始皇第一次東遊的時候，曾經泰山立石歌頌自己的功德，後來一路向東、南下，循著海邊出遊，偶而看到海洲灣內出現海市蜃樓，認為東方有仙人。這時候的始皇帝已經建立起蓋世功勳，就渴望自己能長生不老，永遠守著自己的功德。

可是怎樣才能長生不老呢？正當秦始皇發愁的時候，狩獵用的大苑中發生了一件奇怪的事情。

大苑中原本囚禁著許多罪犯，這些犯人常常因為無法忍受酷刑，最終被折磨死，大苑中都是他們的屍體，無人埋葬。但這些死人的屍體會招引一種很像烏鴉的鳥兒，它們衝著一種草，將草放在死者的臉上。一會兒，死去的人就會漸漸醒過來，不久就能站起來活動了。

大苑的主管看到這麼奇怪的事，立刻將這種鳥和草都呈送給秦始皇看，秦始皇也不知道這是什麼鳥、什麼草，於是就拿著這些東西派人請教當時的著名學者鬼谷子。鬼谷子看了看，說：「這種草叫不死

草，又叫養神芝，出自東海祖洲的瓊田中。一棵這樣的草能救活一個人，救了人之後，這種草的鮮氣就會散失，不能再用了。」

秦始皇聽說這種草的作用之後，心想：既然這種草有起死回生的作用，一定可以讓人長生不老，我一定要找到它。有人還告訴秦始皇說，東海的扶桑島上有一種扶桑樹，這種樹九千年結一次果，吃了它的果實一樣可以長生不老。這就更堅定了秦始皇去東海的信心。

徐福是鬼谷子的徒弟，他知道秦始皇的心思之後，立刻向秦始皇上書，為他描繪東海「三神山」（即蓬萊、方丈、瀛洲）的勝景，並表示自己願意前往東海為始皇帝尋找不死藥。秦始皇原本就對東海充滿憧憬，聽到這裡之後，立即批准徐福的請求，讓他帶領著數以千計的童男童女到東海尋找長生不老之術。

徐福是原來的齊國人，他博學多才，通曉天文地理，而且同情處於秦始皇暴政之下的百姓，因而在齊地享有很高的威望。當人們聽說他被秦始皇派去尋找長生不老藥時，一點都不懷疑這是個騙局。

徐福帶領童男童女走了之後，好幾年都沒有音訊。秦始皇苦苦等了他九年，沒有結果，於是再次東遊，沒想到卻遇到了徐福。徐福擔心秦始皇怪罪，騙他說，海中有很厲害的大鮫魚，船很難接近，必須派善於射殺的人先去殺死鮫魚，他才能登陸「三神山」獲得不死草。奇怪的是，當夜秦始皇就做了一個夢，夢中的情形與徐福所講的差不多；他還夢到了一個像人一樣的海神。第二天，秦始皇立刻尋找占卜師為自己解夢，解夢的結果是：神仙的確很難相見。秦始皇這下更相信了徐福，於是答應他的請求，派善射的人跟他一起東渡。

這次，跟隨徐福東渡的，除了三千童男童女和善射者，還有百工巧匠、武士，徐福還攜帶了五穀種子、糧食、器皿、淡水等物，一行人浩浩蕩蕩地向東出發了。不過這次徐福仍然沒有找到不死藥，反而在熊野浦登陸後發現了「平原廣澤」（今日本九洲）。徐福唯恐觸怒秦始皇，便帶著童男童女和五穀種子留在了那裡，沒有再回轉。從此，東方的「平原廣澤」上，人們在那裡種植農作物，學習捕魚和鍛冶，那裡獨立成了一個小國家。

　　而秦始皇也沒有將希望全部寄託在徐福身上，他後來還派了燕人盧生去求過羨門、商誓之類仙人，也派過韓眾、候公和石生等人尋求不死靈丹，但都沒有結果，秦始皇一天一天地老去。

焚書坑儒

秦王政三十四年（西元前213年），秦始皇召集群臣討論統一思想的問題。

當時的情況是，六國雖然滅除了，但社會上流行百家爭鳴，社會思想仍然像當年諸侯混戰的局面一樣不統一，秦始皇認為這不利於國家的安定，於是讓大家解決這個問題。

僕射周青臣說：「原來秦國的土地不過方圓千里，現在天下盡歸陛下所有，日月照到的地方都是我們大秦的國土。陛下不但消滅了諸侯，還創造性地將諸侯改造成郡縣，天下的百姓從此避免了諸侯混戰，不再擔心受到戰亂的困擾。這些都是陛下的功勞啊。陛下的功勞一定會千秋萬代地傳承下去，古往今來沒有人再能與您相比。」秦始皇聽了這番話，非常高興。

淳于越對秦始皇說：「從前殷商和周朝統治天下的時候，他們都將國土分封給王室子弟和有功之臣，讓他們幫助天子治理天下。這兩個朝代都傳承了一千多年。現在陛下擁有天下所有的土地，你的兒子和兄弟卻都只是普通百姓，這樣國家可能就會出現齊國的田常、晉國的六卿犯上作亂的事，陛下還能靠誰來治理天下呢？我從來沒有聽說

過不遵循古制就能長久存在的道理。剛才周青臣當面奉承陛下，卻不敢指出您的過失，這樣看來他也不是什麼好的臣子。」

他們兩個的觀點完全不同，秦始皇也不知道誰對誰錯，就讓大家繼續議論。

丞相李斯說：「五帝時代的制度，也不是簡單地重複上一代，夏、商、周的制度也不是完全繼承前一朝代，而是根據實際情況制定適合自己的制度。他們當時所制定的制度都符合當時的情況，由於時代變了，制度也應該跟著變，而不應該因循守舊。現在陛下統一了天下，建立其不朽的基業，這不是儒生們所能理解的，淳于越所說的是夏、商、周三代的事，哪裡值得效仿呢？」

李斯又說：「周朝的時候，諸侯紛爭，大家廣招天下遊說之士，每個人的觀點都不一樣，每個國家所依據的思想也不一樣。現在天下統一了，一切都應以陛下為主。百姓就應該致力於農工生產，讀書人就應該致力於學習法度。但是現在的儒生不學習法度，卻終日無事效仿古代的舊習，並以此誹謗現在的社會，純屬惑亂民心。古代諸侯眾多思想不統一，但現在天下政令應該統一，思想也應該統一，一切都應以始皇帝的思想為思想，不應該與朝廷對著幹，私下裡議論始皇帝的法令。這就要求百姓們不要公然議論法令，當官的人不要在心裡議論法令，任何人更不能為了譁眾取寵而追求奇異思想，當然也不能帶頭製造謠言，否則皇帝的威嚴就會下降，擁有一致思想的人便會結黨營私。所以臣以為，一定要禁止不同的思想。我請求陛下毀掉不是秦國的典籍，將天下人收藏的《詩》、《書》、諸子百家等其它思想的著

作都燒毀。如果有人議論《詩》、《書》，就處以死刑，如果誰借古非今，就滿門抄斬。官員如果知道誰私藏了這些書而不舉報，要跟藏書者獲得同樣的懲罰。如果命令下達了三十天仍然有不遵循命令者，就在他的臉上刺字，然後發配到邊疆去修長城。如果誰想瞭解法令，陛下可以設置專門的官吏教化大家。」

秦始皇對於李斯的提議很贊成，下令按照他說的做。於是一些不符合統一思想的書都被搜繳上來燒掉了，這就是「焚書」事件。

秦始皇為追求長生不老，曾派遣侯生和盧生去尋找仙藥。這兩人商量說：「秦始皇生性殘暴，他從一個小小的諸侯發展成為統一天下的皇帝，更加驕傲，越來越為所欲為，以為古往今來沒有人能比得上他，他更加獨斷專行。他雖然設立了七十人博士，但都是擺設，丞相和大臣也都做得很沒勁，什麼事都是他一個人說了算，大家都只是奉命執行他的命令而已。他那麼喜歡用重刑來顯示自己的威嚴，做官的都擔心獲罪，為了保住自己的俸祿不得不隱藏自己真正的想法，大家怒不敢言，沒有一個人真正忠誠於他。由於沒人敢指責他，始皇帝變得越來越專橫。大家為了討好他，都變得喜歡騙人。秦始皇一個人將天下變成這個樣子，我們為什麼還要為這樣的人尋找不死藥呢？」兩人商量之後，各自逃跑了。

秦始皇知道這件事之後，非常憤怒。這樣看來為徐福花費那麼多人力物力也不會有什麼結果，不知道還有多少方士在心中是這樣看待自己的，枉自己還徵招眾博學之士和有各種技藝的方術之士來為天下謀福。秦始皇越想越生氣，於是派人秘密到方士和儒生中調查，結果

發現真有人背後製造謠言，做出不利於自己和國家的事。

秦始皇盛怒之下，派人對這些方士和儒生一一盤查。方士和儒生身子骨都弱，受不了酷刑，大家相互告發，結果牽連出四百六十多個背後誹謗秦始皇的人。秦始皇氣極了，下令將這些人全部活埋；一些罪行較輕的人，則被流放到邊疆地區。

秦始皇的大兒子扶蘇是一個寬厚的人，他看到父王一怒之下殺死這麼多人，於是勸諫道：「天下剛剛平定下來，遠方的百姓還沒有完全歸附。儒生們都誦讀詩書，學習孔子的仁義，陛下一律重罰他們的話，恐怕天下會不太平啊。」秦始皇聽不得別人對他提意見，一怒之下也將扶蘇發配到北方上郡體驗軍情了。

祖龍之死

　　秦王政三十六年（西元前211年），有顆隕星墜落在東郡，幻化成了石塊。有人在石塊上刻下了「始皇帝死而土地分」的字樣。秦始皇聽說了這件事之後，就派人挨家挨戶地調查此事，但沒有人承認，秦始皇就將東郡的人全部殺了，並焚毀了那塊隕石。

　　秋天，關東來的使者經過華陰平舒道，遇到一個人。他拿著一塊玉璧對使者說：「替我將這石塊送給始皇帝。」又說：「今年祖龍會死。」使者很奇怪，正要問清楚緣由，那人突然消失不見了。

　　使者不敢怠慢，將這塊玉璧交給始皇帝，並告訴他自己的所見所聞。秦始皇仔細觀察那玉璧，發現竟是始皇二十八年出巡時沉入水中的那塊，不知所以然。他沉吟了一會兒，說道：「神怪只能預知一年之內的事情，現在已經是秋季了，剩下的日子也不多了，他的話不見得能應驗。」退潮的時候，秦始皇自我安慰地說：「祖龍就是人的祖先。」這樣，「祖龍會死」就跟始皇帝沒有關係。但秦始皇畢竟心中不安，後來，他找人對這件事進行占卜，占卜的結果是：遷徙會吉利。於是他就將三萬戶人家遷移北河、榆中地區。

　　秦王政三十七年（西元前210年）十月，秦始皇為第五次出巡做

準備，左丞相李斯被安排跟隨，右丞相馮去疾留守京城。由於秦始皇之前從來沒有南巡過，小兒子胡亥就以為很新鮮，也想去，秦始皇就答應帶上他。

十一月，秦始皇一行人到了雲夢山，秦始皇照舊在九疑山祭拜了虞舜，後乘船沿長江而下，以此經過丹陽、錢塘江、浙江、會稽山，遙望南海；又祭祀了大禹，並在那裡立下石碑，依例頌揚自己和大秦的功德。

一路舟車勞頓，再加上秦始皇年紀大了，到了平原津（今山東平原附近）他就病倒了。這次的病與以往不一樣，秦始皇覺得自己的大限可能到了，於是就讓人給皇長子扶蘇寫信，讓他準備回咸陽參加自己的葬禮。信寫好後，蓋上御印，秦始皇將他交給了趙高。可惜信還沒有送出，秦始皇就病死在沙丘行宮（今河北廣宗附近）。

趙高的母親是個奴婢，她在秦宮中生下趙高兄弟幾人，都跟她一樣成了奴婢。後來秦始皇聽說趙高很強壯，懂得懲戒犯人，於是就提拔他為中車府令，專門負責掌管宮廷乘輿車與印信、墨書。這次秦始皇出遊，趙高自然隨行。

與秦始皇同行的，還有上將軍蒙毅，他負責護駕。蒙毅是蒙恬的弟弟。蒙氏兄弟都受到秦始皇的寵信，此時的蒙恬正領兵三十萬隨公子扶蘇在上郡駐防。趙高與蒙氏兄弟有仇。秦始皇死後，趙高身為秦始皇的宦官，自然第一時間得知了這個消息。他不想扶蘇即位，扶蘇即位就意味著蒙氏兄弟獲寵，自己的災難來臨。

剛好秦始皇的小兒子胡亥隨行，不如擁立胡亥。趙高過去曾經教導胡亥寫字和獄律法令等事，胡亥與他的關係很好，趙高很自然地就與胡亥勾結在一起。趙高先假傳聖旨，命令蒙毅到高山大川為秦始皇祈福，然後千方百計拉攏實力派人物李斯。

而丞相李斯，雖然誰繼承王位與他沒有太大的厲害關係，但他也不想皇子們為了皇位而引起動亂，更擔心各地諸侯舊部起來造反，因此當他得知秦始皇死後，主張秘不發喪。同時命令車隊加緊趕路，命趙高趕快將始皇帝寫給扶蘇的信寄出去。

趙高當然不願意扶蘇即位，胡亥也想自己當皇帝，他們二人於是就脅迫李斯。李斯無奈，就與他們勾結在一起。他們假造秦始皇詔書，讓胡亥繼承了皇位，然後還以秦始皇的名義指責扶蘇為儒士說清是為不孝；責備蒙恬聽從扶蘇，為臣不忠，責令他們立即自殺。同時，他們還將秦始皇的棺材放在輼涼車中，下面放著鹹魚以掩蓋屍體的氣味。其它大臣不知道始皇帝已經去世，依舊跟平常一樣向皇帝奏事，趙高就躲在輼涼車中代替秦始皇批簽。

扶蘇接到詔書之後，流著淚自殺了。蒙恬不願就這麼死去，他說：「始皇帝在外面巡遊，卻讓我帶著三十萬兵馬戍邊，我擔負著這麼大的重任，怎麼單憑使者一言就自殺呢？也許這裡面有什麼詭計吧！」於是不肯自殺，只讓使者將自己關進監獄裡。

扶蘇自殺的消息傳來，胡亥、趙高、李斯命令隊伍日夜兼程趕路，很快就回到咸陽，然後將秦始皇已經腐爛的屍體從臭烘烘的鹹魚堆中挑出來，將其安葬在酈山。胡亥正式登基為皇帝，他就是秦二世。趙高因為擁護胡亥有功，被提拔為郎中令，李斯依舊做他的丞

相。

　　胡亥很信任趙高，趙高向秦二世進讒言說蒙氏兄弟為扶蘇黨羽，胡亥就派人誅殺了他們；趙高因為想要爭奪李斯的權力，後來就聯合胡亥處死了李斯。從此朝中再也沒有誰能夠控制趙高了，他成為新的丞相。由於他是宦官，可以自由出入宮禁，胡亥特封他為「中丞相」。

秦二世胡亥

二世皇帝元年（西元前209年），秦始皇死，胡亥繼承皇位，即二世皇帝。胡亥任用趙高為郎中令，負責處理朝政，趙高開始執掌朝廷大權。

古代帝王死後，後世都要建廟祭祀。秦二世覺得以前的規格配不上秦始皇的豐功偉績，命令大臣們討論推尊始皇廟號的事。大臣們都叩頭說：「以前的天子祭祀他往上的七代祖宗，保留七代祖宗的祭廟。如今始皇廟是至高無上的，要保留萬世，讓後代永遠祭祀。用完備禮儀，全天下人都要貢獻祭品賦稅，要增加祭祀用的牲畜數量。尊始皇廟為皇帝始祖廟。以後的歷代天子都是要按禮儀單獨祭祀始皇廟，要用經多次釀製而且質醇的酎酒。」二世皇帝聽了十分滿意，就採納了。

秦二世對趙高說：「我年紀輕，又剛剛登基，還沒有獲取民心，當年先帝巡視各郡縣，顯示了他的強大，以此威震天下。現在我要是只住在皇宮不出外巡遊，就會讓人認為我太無能，沒有辦法統治天下。」於是，秦二世也開始了巡遊。

秦二世讓李斯跟隨著行巡察看郡縣，到達碣石山後，他們沿海向

南行進也到達會稽山。一路上，只要是見到秦始皇所立的石碑，他都要在旁邊刻上字，而且還要將隨從大臣的名字也刻上，以使先帝的功業盛德更加明顯。

秦二世說：「這些金石碑刻都是我的父皇建造的，如今我繼承了皇帝的名號，但是，金石碑刻卻沒有寫明是始皇帝，以後時間長了，人們會以為那是後代子孫建造的，而非秦始皇建造的，這樣就不能更好地稱揚父皇的豐功偉績了。」丞相李斯、馮去疾以及御史大夫德都說：「您可以將詔書全部都刻在石碑上面，這樣大家就會明白了。」秦二世認為這個辦法不錯，就照做了。

秦二世暗中與趙高謀劃說：「現在，大臣們也不知道是不是真心地順從，官吏的勢力也很強大，還有其它的皇子嘴上不說，心裡也會想要跟我爭權，對這些我該怎麼辦呢？」

趙高說：「本來我是想到這些的，但是這些話沒有敢說出來。先帝在位時的大臣基本都是延續很多代富有名望的貴族，他們已經建立了很久的偉業了。如今，小臣是一個低賤之人，能夠得到陛下的賞識，得到這個位子，大臣們心中肯定不樂意，雖然表面上會順從，心裡肯定不會。皇上為何不趁著出巡的機會將郡縣守尉犯罪的人殺掉呢？如此，就可以顯示您的威嚴，也可以除掉心懷不軌之人。現在這個時期，文治是行不通的，一定要用強有力的武力來解決，還希望陛下不要猶豫不決。作為英明的君王，應該重用地位低賤的人讓他得到尊貴的地位，使得窮人變得富裕，使得疏遠您的人親近您。這樣，他們會心存感激，忠心於您，竭盡全力為您效力，國家才可以安定。」

秦二世認為這個辦法很好，於是就找藉口誅殺了很多不聽他話的大臣和其它的皇子們，還製造罪名連帶誅殺了一些職位不高的官員。秦二世光在在咸陽市就一下將十二個兄弟處死，還在杜郵（今陝西咸陽東）碾死了六個兄弟和十個姐妹，現場十分慘烈。將閭等三人也是秦二世的兄弟，他們三人處事十分沉穩，秦二世實在是找不出治罪他們的理由，於是就將他們關在了宮中。但是秦二世還是不放過他們，最後逼迫他們自殺了！

秦二世十分昏庸，如果有大臣進諫則被他認為是在誹謗，因此朝中大臣們為了自衛而個個變得阿諛奉承，再無人敢進諫了。咸陽城中一時間人人自危，百姓也感到十分恐懼。

做完了這些，秦二世又說：「先帝從前認為咸陽的宮殿太小，所以才會建造阿房宮，但是，室堂都還未建造完畢，始皇就去世了，因為工匠被調去酈山修墓，工程也停了下來。如今酈山墓已經修建完工，那就接著修建阿房宮吧。」於是，他下令開始繼續阿房宮的修建。同時，他派兵鎮壓四方的外族，並下令徵召了五萬壯丁守衛咸陽城，還在咸陽城飼養了很多狗馬禽獸供自己玩賞。如此一來，咸陽城中的人口大大增加，糧食的供應成了問題。於是，秦二世又從下面各郡縣徵調糧食和飼料，還讓那些運送糧食的人員自帶乾糧，咸陽城四百里之內的人不准吃這些糧食。這個時期，法令的施行也就更加嚴酷了。

不久，楚國人陳勝舉旗造反，在陳縣自立為楚王，國號為「張楚」，率領將士們攻城掠地。崤山函谷關以東的山東各郡縣因為歷年受到秦朝的壓迫，因此年輕人紛紛起來反抗，響應陳勝的起義，將郡

守、郡尉、縣令、縣丞統統殺死了！各地看到有人造反，也都紛紛響應，開始了反秦的戰鬥，起義的人越來越多。

此時，秦二世依舊實行著自己的政策，當使者將山東造反的消息報告給他時，他竟然因為生氣而將使者殺死了。其它人看到是這樣的情景，都不敢對他說實情，如果秦二世問起，就回答說：「那些人哪裡是起義，根本是一群烏合之眾，盜匪而已，郡守、郡尉已經在追捕他們了，根本不用擔心。」秦二世聽到這樣的話十分高興。他這樣做不過是自欺欺人而已，真實的情況是，當時各地紛紛有人自立為王，武臣自立為趙王，魏咎自立為魏王，田儋自立為齊王，沛公也在沛縣起義，項梁則在會稽起兵。秦王朝已經陷入了嚴重的危機中，滅亡之勢已經很明顯！

當陳勝的將領周章帶著幾十萬大軍達到戲水的時候，秦二世才恍然大悟，匆忙將在酈山服勞役的人組成了軍隊，命令章邯帶著這支隊伍前去對抗起義軍。慶幸的是，在章邯的帶領下，取得了勝利，周章大敗逃走，在曹陽被殺死。接著，章邯又率領眾兵將在城父將陳勝殺死，又在定陶將項梁打敗，殺死了魏咎。這樣一來，秦王朝才得以躲過災難。

經過這次生死劫難，秦二世卻沒有絲毫悔改，更甚的是在趙高的勸說下每日居住在深宮，不再理會政事。在趙高的操縱下，馮去疾、李斯、馮劫也被殺死。

沒過多久，楚國的上將軍項羽帶領著楚兵多次擊敗章邯，燕國、趙國、齊國、楚國、韓國、魏國紛紛自立為王，整個秦朝已經四分五裂。當沛公進入關中時，趙高怕秦二世發怒牽連到自己，就將其殺死了。昏庸的秦二世胡亥就這樣死在了趙高手中。

指鹿為馬

　　趙高擁立秦二世胡亥為王以後，得到了秦二世的充分信任，被任命為中書令，秦國的軍國大事都由趙高一個人說了算。胡亥則在自己登上了皇位以後，追求起奢華安逸的生活來。為了彰顯他當皇帝的權威，他剛即位不久就要效仿秦始皇，沿著當年秦始皇東巡的路線出遊，一直來到海邊，然後再南下會稽，最後從遼東返回都城。他大興土木，召集五萬名年輕力壯之人來到咸陽修建阿房宮。他還喜歡收集四處的奇珍異寶和珍稀的花草，只顧著自己開心，卻不知道自己的行為已經使得「咸陽三百里內不得食其谷」。

　　有一天，他向趙高感歎道：「朕現在已經是天下的皇帝了，如果可以在有生之年盡享這人間的歡樂，那就真是太好了！」趙高就趁機胡扯八道起來，說道：「天子之所以尊貴，就是因為隨時隨地都保持著自己的威儀，讓人只能聽得到他的聲音，卻看不到他的本來面目。陛下您還年輕，如果在朝廷眾位大臣面前流露出自己的弱點，只怕會遭到天下人的恥笑。所以，陛下不如在內宮處理政事，讓您信任的臣子們在一邊輔佐您。這樣，人民便都會稱讚您的聖明了。」胡亥本來就是個昏庸之人，被趙高這麼一說，樂得把這些最讓他頭疼的政事全都交給了趙高處理，自己連朝也不大上了，只一味尋歡作樂，過著更

加驕奢淫逸的生活。朝廷大事全都落在了趙高的手中，這樣他就成功地將胡亥和其它人分隔開來，將胡亥牢牢地控制在自己的手掌中。

隨著手中權力的擴大，趙高的野心也越來越膨脹了。為了將胡亥身邊的王族勢力統統清除，趙高在胡亥面前造謠說，諸公子和一些大臣都在質疑他繼位的正當性，這個問題也正是胡亥一直以來的心病，趙高就趁機說道：「陛下，只有嚴酷的刑罰才能制止這些人。將有罪的人實行『連坐』制度，對您心懷不滿的公子和大臣們要堅決打擊，同時您要提拔對您忠誠的心腹，給他們以要職。這樣一來，您就可以高枕無憂，想幹什麼都不會有人阻撓了。」胡亥早就對趙高深信不疑，聽了這話也不疑有他，馬上採納了他的意見，將生殺大權也交到了趙高的手中。

一場血雨腥風在咸陽城內拉開了序幕，隨之而來的是慘無人道的屠殺和城內的哀鴻遍野。

趙高的第一個目標就是蒙氏兄弟。蒙恬和蒙毅二人曾在秦始皇跟前立下了汗馬功勞，在朝中屬於位高權重的元老級人物，也是趙高平時躲著走的人物。可現在秦始皇不在了，胡亥又是這樣一個無能之輩，趙高當然可以為所欲為了。他以「先帝欲立太子而蒙毅阻攔，實屬危害社稷之舉」這樣一個罪名，逼迫蒙毅自殺；然後他設計陷害，迫使蒙恬服毒自盡。可憐兩位征戰沙場無人能敵的將軍，就這樣死在陰險小人的手裡。

除掉蒙氏兄弟以後，趙高又將秦王室的主要成員一一清除乾淨。

接著，他盯上的是朝中那些敢於直言進諫的官員們，將他們殺的殺，撤職的撤職，然後將自己的親信安插在朝中：他的兄弟趙成，被封為中車府令；他的女婿閻樂，被任命為咸陽縣的縣令。而趙高自己，也不再滿足於他郎中令的職位，而將目光瞄準了一人之下、萬人之上的丞相的位置。

秦朝此時危機四伏，秦始皇時期就已經開始施行暴政，到了胡亥這裡更加嚴酷。過重的徭役賦稅讓平民百姓無法承擔，殘酷的刑罰和苛政讓人民苦不堪言，六國的舊貴族們日夜謀劃著怎樣將江山重新奪取。這些矛盾交織在一起，終於燃起了燎原之火。陳勝和吳廣兩位農民率先在大澤鄉掀起了反秦的農民起義；六朝舊族也不甘落後，企圖利用農民起義的力量達到復辟的目的；甚至有秦朝的官員由於不滿秦朝的統治，也加入到起義的隊伍中去。雖然這些人只是一些烏合之眾，圖謀的利益各不相同，但因為目的一致，所以還是很快就形成了一股強大的力量，開始動搖秦朝統治的根基。

良相李斯看到這樣的現狀心急如焚，但是由於趙高的阻攔，他根本就見不到胡亥的面。趙高看他這樣，假裝著急地說道：「現在國內反叛的勢力如此囂張，可皇上仍然花天酒地，絲毫不把這事情放在心上。我本想勸阻皇上，但無奈我位卑言輕，只怕皇上不會聽。丞相您是朝廷重臣，說話想必比我有分量得多，為何您不向皇上進諫呢？」李斯無奈地回答道：「我何嘗不想勸阻皇上呢，只是陛下現在經常在深宮之內，我難以見到他，也根本找不到機會說話啊。」趙高看李斯步入了他設下的圈套中，心中暗自竊喜，說道：「只要丞相您肯進言，我一定會留心皇上那邊，只要他有空閒，我就馬上來稟報您。」李斯滿口答應下來，對趙高也是感激不盡。

趙高故意挑一些胡亥正在同姬妾們歌舞狂歡、飲酒作樂的時候派人通知李斯前來覲見，連著好幾次都是這樣，胡亥非常惱怒。趙高見機會來了，就開始陷害李斯，說他和農民起義的領袖陳勝二人私下裡有書信往來。胡亥大發雷霆，立即下令將李斯打入大牢，並任命趙高做了丞相。趙高算是達到了他的目的。

趙高一人之下、萬人之上的夢想終於達成了，可他的野心並沒有止步於此，他開始盤算著要奪取皇位。可是，朝中大臣有多少能夠聽他擺佈，有多少人會反對他，他毫不知情。他思前想後，就想到了一個辦法來試試這些大臣們。

這天上朝的時候，趙高對胡亥說，他很久沒有出現過，大臣們都很想念他，想見他一面。在朝堂上，趙高讓人牽進來一隻鹿，當著所有大臣的面，他指著這只鹿說道：「陛下，今天臣獻給您一匹好馬。」胡亥一看，笑著說道：「丞相您搞錯了吧，這明明是一隻鹿啊！」趙高不動聲色地說道：「陛下，您看仔細了，這確實是一匹馬。」胡亥看了看，疑惑地問道：「可是，馬的頭上不應該長角啊？」趙高一看，胡亥上鉤了，馬上轉身指著朝中的大臣們說：「陛下不信的話，可以問問眾位大臣啊。」

大臣們不知道趙高在搞什麼名堂，心想是鹿是馬，大家一看就都知道了，是很容易分辨的。當看到趙高賊溜溜的目光和陰險的笑容，大家就知道他是什麼意思了。一些膽小的大臣低下頭嚇得不敢說話，他們知道說了真話要被趙高所害，而說假話的話又對不起自己的良心。一些正直的大臣直言不諱地指出：這是鹿，不是馬。而那些平時

跟在趙高身後阿諛奉承他的大臣則擁護趙高的說法，告訴胡亥這是馬，而且是日行千里的好馬。

趙高將這一切都看在了眼裡。事後，趙高通過各種卑鄙的手段將那些不順從自己的大臣們紛紛治罪，有的甚至滿門抄斬。朝廷的大臣們更加害怕趙高，秦朝竟成了趙高一個人的天下。

趙高被誅

　　陳勝、吳廣領導的農民起義被鎮壓後，項羽和劉邦領導的反秦義軍以更加猛烈的勢頭在各地燃起了戰火，全國各地反秦的勢頭依然強勁。

　　西元前二○七年鉅鹿之戰中，秦軍的主力部隊被項羽的隊伍打敗，大將王離被捕，章邯四處求助不成，又怕回去後朝廷責罰，乾脆率領自己的十二萬大軍投降。六國舊族見狀，紛紛在各地自立為王，一起向西推進，直逼咸陽城。

　　劉邦率領著數萬兵馬進入了五關（今陝西商洛縣西南），為了能夠早日拿下咸陽，他派人和趙高暗中取得了聯繫，希望他可以做自己的內應。趙高擔心胡亥知道自己的陰謀而殺害自己，便稱病不再上朝，私下裡謀劃著趁亂奪取皇位的事情。

　　章邯的倒戈對秦王朝而言絕對是個不小的打擊，一向荒淫無度的胡亥再也坐不住了，他像熱鍋上的螞蟻一樣天天六神無主，日日在望夷宮中齋戒，簡直是惶惶不可終日。他派人去質問趙高：「丞相以前不是說，關東的盜賊做不成什麼大事，讓我不用擔心，可是他們今天怎麼發展到了這種地步？」趙高聽了這話嚇了一跳，知道胡亥已經對

自己產生了懷疑，若不早些動手，胡亥遲早會先殺了自己的。於是，趙高就和自己的弟弟趙成、女婿閻樂商議起對策來。

計劃商議好以後，他們將一切安排妥當。趙成先在宮內散佈謠言，說有盜賊，命令閻樂發兵追擊盜賊。這樣，宮內的士兵們全都被調走，防守空虛。然後，閻樂指揮他的部分士兵化妝成農民軍劫持了自己的母親，並將她暗中送到趙高家中，一邊又率領著千餘名士兵以追賊為名直奔王宮而來。他們衝到了皇宮門口，質問守門的侍衛：「有人進了宮門，你們怎麼都不擋！」侍衛們莫名其妙：「皇宮內外戒備森嚴，怎麼可能有賊人進入？」

閻樂怎容他們分辯，手起刀落就殺死了侍衛，衝進瞭望夷宮。他們見人就殺，宮中到處鮮血飛濺，慘不忍睹。胡亥嚇得目瞪口呆，癱坐在地上連站起來的力氣都沒有了。最後看到趙成和閻樂從門外走進來，總算是明白了這一切是怎麼回事。胡亥急忙命令左右護駕，可遇此大亂，身邊的侍衛們早就跑了，只有一個宦官還站在他的身邊。胡亥緊緊地拉住宦官的衣服，歇斯底里地大喊道：「怎麼會這樣！你為什麼不早點告訴我，現在弄成這樣我應該怎麼辦啊！」宦官死到臨頭，才敢說出心裡的想法，他對胡亥說：「正是因為奴才平時不敢說話，才能夠活到今天的，不然早就被皇上賜死了。」胡亥垂頭喪氣地癱坐在地。今日的局面，確實是他咎由自取！

閻樂衝了過來，胡亥一邊後退一邊顫巍巍地說：「朕是一朝國君，是真龍天子，你膽敢弒君？」閻樂氣勢洶洶地罵道：「你這個昏庸殘暴的暴君！到處搜刮民脂，殘害無辜的百姓，人人得而誅之！你

還有什麼狡辯的！」胡亥垂死掙扎，說道：「我能不能見一見丞相？」閻樂一口回絕：「不可能！」胡亥還不死心，問道：「那，那你給我一個郡王當行不行？」閻樂搖頭。胡亥哭道：「只要饒我一命，我甘願做一名百姓，這樣還不行嗎？」閻樂皺著眉頭，不耐煩地說道：「你就別再掙扎了，我奉丞相之命來為天下劃除你這個暴君，你快點自裁吧，給自己留點尊嚴，就別讓我動手了。」胡亥這下子才明白過來，這場政變的幕後主使竟然是他平日裡無比信任、無比寵愛的丞相大人。他想起自己以前的奢華生活，不由得悔恨交加，但一切都晚了。他看了一眼氣派的皇宮，拔出長劍結束了自己的生命。

閻樂將胡亥已經死去的消息告訴了趙高，趙高欣喜若狂，奔到現場，將胡亥身上的玉璽摘下佩戴到自己的身上走上正殿，仰仗著自己也有嬴姓趙氏的血統，就要登基做皇帝了。後來，他臨時又改變了主意，轉而將皇位給了自己的遠房侄子趙子嬰。秦朝的力量這時候已經被削弱，子嬰已經不能再稱皇帝了，便取消了帝號，稱為秦王。子嬰對趙高的殘酷和毒辣早有耳聞，對他的種種罪行也是耳聞目睹，現在自己稱了王，自然不願意自己的下場和胡亥一樣，便和自己的貼身宦官韓談商定了斬除趙高的計劃。

子嬰對韓談說：「趙高在望夷宮殺了胡亥，他是害怕大臣們為此怪罪於他要殺了他，才假裝按照道義立我為王。我聽說趙高還和楚國做了約定，將秦國滅掉後他就在關中稱王，現在他讓我齋戒沐浴，朝見宗廟，我就說我生病了，不能前去。趙高一定會親自前來，到時候，你們就殺了他。」

趙高先是派人去請子嬰，前後派了好幾個人，子嬰就是不去，趙高果然親自去請他了。他問道：「國家大事，秦王您為什麼百般推脫，不願意去呢？」子嬰拍案怒吼道：「我秦國的基業經過百年累積，從春秋五霸到戰國七雄，秦國繁衍到如此強大的地步，經過祖先們幾百年的努力，才終於一統六國。這江山得來不易，可全都被你趙高糟蹋得一塌糊塗，到胡亥這裡就分崩離析，丞相您可真是『功不可沒』！今天，我一定要斬下你的首級，懸掛在城門上示眾，誅你九族以平百姓的滔天怒氣！」趙高想不到子嬰剛登上王位就敢這麼跟他說話，當時就愣在原地。子嬰於是誅殺了趙高，並殺死了趙家三族，掛在咸陽城樓示眾。

秦朝滅亡

　　西元前二二一年，秦始皇在統一六國之後，全國人民雖不再受戰亂之苦，但生活也沒有好多少，因為他們要忍受秦始皇的殘暴統治和橫征暴斂。當時，秦朝軍隊龐大，官僚機構冗雜，他們的一切軍餉開支都是從老百姓身上搜刮來的。而且，秦始皇好大喜功，沒完沒了地大興土木，修長城、修陵墓、建宮殿等，這些工程的一切用度，也都是從老百姓那裡徵斂來的。所以，人民在無休止的奴役中，過著慘不忍睹的生活，他們不但缺衣少食，還常常要忍受暴吏酷刑，於是，許多人被逼得逃亡山林，紛紛舉行暴動。

　　西元前二一〇年，秦二世胡亥即位。與秦始皇相比，他的殘暴更是過猶不及。當時，修建酈山陵墓的工程還沒有完成，他又派人重新營造阿房宮，以實現秦始皇的遺願。他還無恥地說：「對於天子來說，最可貴的就是想幹什麼就可以幹什麼。」後來，他還殺害了李斯、馮去疾這些反對他的大臣，任用奸臣趙高為相。在趙高的引誘下，他進一步加重了對農民的奴役，致使農民的困苦達到了極點。那時，大規模的農民起義已經到了一觸即發的地步。

　　西元前二〇九年七月，九百名閭左戍卒在奔赴漁陽（今北京密雲）的途中，突遇大雨，被迫停留在了大澤鄉（今安徽宿縣境內），

不能如期趕到目的地，戍卒們面臨著死刑的威脅。戍卒們的屯長是陳勝、吳廣二人，他倆認為到了如今地步，舉義是死，不舉義也是死，那還不如舉義好。於是他在帛上書寫上「陳勝王」三字，放置於魚腹當中，結果戍卒買魚得書，傳為怪事。接著，陳勝、吳廣率領戍卒，殺死了押送他們的秦尉，並借用已故之秦公子扶蘇和楚將項燕的名義，號召農民反秦。附近農民紛紛回應，起義軍很快就壯大了起來。隨後，起義軍分兵東進，主力則向西進攻，接連攻佔了今豫東、皖北諸縣。當他們推進到陳地（今河南淮陽）時，隊伍已經壯大到了數萬人。

在陳勝、吳廣起義軍的影響下，許多郡縣的農民也紛紛殺掉守令，參加了起義軍。一些潛藏在民間的六國舊部，也都乘機投靠了起義軍。陳勝借這些人舊日的地位，使起義軍在全國的農民中擴大了影響。

後來，陳勝又自立為「張楚王」，分三路進攻秦軍：吳廣向西進攻滎陽，武臣向北進攻趙地，魏人周市進攻魏地。不料，這卻讓起義軍變得四分五裂。武臣在佔領了舊趙都城邯鄲後，在部下的慫恿下自立為趙王，陳勝無奈，只得勉強承認。後來武臣不但違抗陳勝的命令，還派韓廣掠取燕地。可是，韓廣到了燕地後，禁不起舊燕貴族的慫恿，也自立為燕王。周市到達舊魏南部和舊齊境內時，舊齊貴族田儋自立為齊王，起兵反擊周市。周市在魏地立舊魏貴族魏咎為魏王，封自己為魏丞相，並派人到陳勝那裡迎接魏咎。

後來秦將章邯打敗周文，迫使周文自殺。隨後，章邯又向東進攻

滎陽，吳廣部將田臧反叛，殺了吳廣，自己率兵迎戰章邯，結果只一仗就送了命。等章邯進攻到陳地時，陳勝兵敗，退到了下城父（今安徽渦陽東南），結果被叛徒莊賈殺死，陳縣失守。陳勝部將呂臣率領部下英勇作戰，收復陳縣，處決了莊賈。

陳勝雖為反秦的先驅者，卻在起義半年之後就失敗了。但是他激起了全國反秦的狂潮，使秦王朝的統治不斷受到衝擊。陳勝起義後，舊楚名將項燕的兒子項梁和姪子項羽在吳（今江蘇蘇州）殺掉秦會稽郡守，起兵回應。不久後，項梁率領八千士兵渡江北上，隊伍擴大到六七萬人，連戰連勝。閩越貴族無諸和搖也率領族人起兵反秦。原沛縣亭長劉邦和一部分刑徒逃亡山澤，也起事反秦，投入項梁軍中。不久之後，項梁立楚懷王的兒子為楚王。

西元前二〇八年，項梁戰敗被殺，楚王遷都彭城（今江蘇銅山縣）。隨後，楚王派宋義、項羽前去救趙，派劉邦向西進攻關中，並與諸將約定「先入關中者王之」。宋義達到安陽後，逗留不再北進，被項羽殺掉。接著，項羽引兵渡過漳河，經過激戰，解救了鉅鹿之圍，被推薦為諸侯上將軍。不久後，秦將章邯率二十萬人向他投降。

劉邦率軍從彭城出發，路過昌邑（今山東金鄉西北）時遇上了彭越，便與他共同攻打秦軍。隨後，劉邦聽從了酈食其的建議，攻破陳留，獲得秦朝積聚在那裡的糧食。接著，劉邦又率兵攻陷南陽，招降宛城守將，宛城以西的郡邑也都聞風而降。於是劉邦迅速攻入武關，西元前二〇六年十月進抵灞上。

此時，秦王朝又發生了政變，丞相趙高殺死秦二世，立子嬰為秦

王。不久後，子嬰又殺死了趙高。劉邦到了灞上後，派人去招降子嬰。子嬰雖還想抵抗，但見秦軍屢次戰敗，知道秦王朝已到了壽終正寢的地步，於是只得投降了劉邦。

劉邦仁義，沒有處死子嬰，只是把他看管了起來。接著，劉邦進入了咸陽，本打算住下，因聽從了樊噲、張良的勸諫，於是封存了秦朝的寶庫，帶領士兵回到了灞上，一心等待項羽和各路諸侯到來。

一個月後，各路諸侯都到齊了，諸侯盟主項羽下令處死了子嬰和秦宗室所有的人。隨後，他又下令俘虜了秦朝的宮女，收走了秦宮所有的珍寶，並放火焚燒了咸陽城。至此，秦朝徹底滅亡了。

項羽本紀

少年項羽

　　項羽，名籍，字羽，生於西元前二三二年，秦時下相（今江蘇宿遷）人。隨叔父項梁起兵反秦時，他只不過二十四歲。項氏世代為楚國大將，被封在項地，所以姓項。

　　楚國被秦國滅亡後，項氏家族也遭到了大屠殺，項羽的父母不幸遇難，只留下項羽與弟弟項莊隨叔父項梁逃到了櫟陽縣。當時，項羽還不滿十歲。

　　項羽少年時，叔父項梁讓他上學讀書，可他學了沒幾天就放棄了，說自己不適合學習文化知識。接著，項梁又送他去學習武藝，可他還是沒堅持多久。項梁很生氣，就嚴厲地批評他不上進，難成才。項羽聽後卻說：「學習寫字，只要能記住人名就足夠了；學習武藝，一個人也抵擋不了幾個敵人。這些都沒多大用途，我想學的是兵法，以便有朝一日可用來抵擋千軍萬馬。」項梁聽了此話後，不再生氣了，因為他覺得項羽是個有抱負的人，將來一定會成就一番大事的。於是，項梁開始親自傳授項羽兵法。項羽剛開始很想學，可過了沒幾天，又不想學了。

　　這時，因為受到一樁命案的牽連，項梁被關進了櫟陽縣的監獄。

項羽就去蘄縣向監獄官曹咎請求，希望他救救自己的叔父。曹咎給櫟陽縣的監官司馬欣寫了一封信替項梁求情，於是項梁獲救。但是不久之後，項梁又殺了人，為了避難，他只好帶著家人逃到了江蘇吳縣。

項梁為人和氣，喜歡結交朋友，而且樂於助人，所以當地的百姓都很喜歡他。漸漸的，他們一家就在吳縣站穩了腳跟。後來，項家逐漸興起，也有了不少門客。

秦始皇巡遊到會稽郡的時候，大船行到錢塘江渡口，好多老百姓來觀看。項梁聽說了，就帶著項羽一塊兒去觀看。項羽一看秦始皇那威風凜凜、華美壯觀的儀仗隊，不由得脫口而出，說：「那人好威風呀，我將來一定要像他一樣。」項梁聽了，趕緊捂住他的嘴，說：「不要瞎胡說，說這話是要滿門抄斬的。」但從此，項梁更加覺得項羽不是一般人，就更加對他刻意地培養。項羽長大以後，身高八尺有餘，力大無比，能輕鬆地舉起千斤重的大鼎。他的才能、勇氣都不是常人所能及的，所以吳縣當地的人都對他敬畏三分。

西元前二〇九年七月，陳勝、吳廣等在大澤鄉起義。那年九月，會稽的郡守殷通也想起兵。他來找項梁，說：「現在大江以西的地方全都造反了，看來是上天也要滅亡秦朝啊。我想反正早晚都得一起，不如現在就起義算了。我想起兵反秦，希望您和桓楚能加入，怎麼樣？」項梁知道這個時候桓楚正逃亡在外，就說：「桓楚現在正在逃亡，別人誰也不知道他藏在哪裡，只有項羽知道。我去把他叫來，商量一下怎麼辦。」

於是項梁去找項羽，讓他帶著寶劍在身上，伺機殺掉殷通，自行

起義。當殷通正與項羽交談時，趁其不備，項羽拔劍斬下了郡守殷通的人頭。接著項梁左手拿著殷通的人頭，右手拿著他的官印走出了大堂。郡守的部下一看，全都驚慌失措。但他們仗著人多，想要殺掉項羽。可他們都不是項羽的對手，一連一百來人都被項羽殺了，剩下的人都嚇得跪地求饒。隨後，項梁召集平時與他要好的地方豪傑和官吏，共同起兵反秦。接著，他又徵集吳縣的士兵，並派人去徵集壯丁，很快就得到了八千精兵。後來這八千人跟隨項羽南征北戰，立下了不少的戰功。

項梁又分別將縣裡的地方豪傑任命為校尉、侯、司馬等職務。其中有一個人沒有被任用，他就自己來找項梁問原因，項梁說：「前些日子，我派你去辦一件小事，而你都沒有辦好，這說明你能力不行，所以我才不任用你。」大家聽了這話後，都對項梁很佩服，就一致推舉他做了會稽郡守。之後，項梁任命項羽為副將，讓他協助自己統率軍隊。

這年冬天，陳勝被秦國的將領章邯打敗，陳勝手下的將領召平去攻打廣陵，失敗後就假傳陳勝的命令，封項梁為楚王的上柱國將軍，讓他一起抗擊秦軍。這時，項梁正好也想率兵北上，以擴大地盤，於是就爽快地答應了。項梁帶領自己那支八千人的隊伍，浩浩蕩蕩地渡過長江，一路向西進軍。渡江以後，項梁聽說陳嬰已經起兵，並佔據了東陽，就派使者去東陽，想要聯合陳嬰，合力西進。

陳嬰原是東陽縣的小官，因他為人誠實謹慎，所以很受人尊敬。東陽人起義時，就一致推舉陳嬰當了首領。但陳嬰的母親卻對陳嬰

說：「依我看，這個首領之位，你不如讓給別人去做吧，你還是當個小官算了，這樣比較穩妥。」陳嬰覺得母親說得很有道理，就把軍隊劃歸到了項梁的名下。隨後，項梁帶領軍隊渡過淮河，繼續北進。各地的起義軍聞訊，也紛紛加入。這時，項梁的軍隊已達到了六七萬人，就在下邳駐紮休整。

此時，陳勝的部下秦嘉做了楚王。項梁不知道陳勝已經死了，就率兵攻打秦嘉。秦嘉的軍隊戰敗，逃到了胡陵。項梁的軍隊追打過來，殺死了秦嘉，接收了秦嘉的部隊，駐紮在胡陵，準備繼續率軍西進攻秦。秦國將軍章邯率軍到達栗縣，項梁就派軍隊去迎戰，失敗後率領部隊進入薛縣。在此之前，項梁曾派項羽去攻打襄城，但襄城堅守不降。項羽很生氣，等攻下襄城之後，就把那裡的軍民全部活埋了。

不久之後，項梁知道了陳勝已亡的消息，便覺得各路人馬照這樣各打各的，終究不是個辦法，於是就召集各地的起義軍首領來薛縣聚會，共同商議抗秦大計。此時，沛公劉邦已在沛縣起兵，也來參加了這次聚會。

安陽奪帥

　　陳勝死後，項梁召集各地的起義軍首領，商量如何討伐秦軍。這時候一個叫范增的人前來遊說項梁：「陳勝失敗，那是必然的。但是楚國算是最悲慘的一個了。因為楚懷王被騙，最後還客死他鄉，一直到現在楚國人都認為這是楚國最大的恥辱，所以即便楚國只有一戶人家，也要消滅秦國。陳勝起義之後，沒有立楚人為王，所以是不可能長久的。現在如果您揭竿而起，一定會有很多楚國的志士跟著您，因為項氏一族世代都是楚國的棟樑之才，一定能夠讓楚國的後代重新為王的。」項梁認為范增說的有道理，於是就在民間找到楚懷王的一個長孫熊心，當時他只有十三歲，是一個羊倌。項梁立他為楚王，順應民意還是叫楚懷王，自己則封為武信君。這樣一來，很多人都加入了項梁的隊伍。

　　過了幾個月，項梁聯合齊國田榮的軍隊共同援救東阿，在這個地方打敗了秦軍。因為之前攻打亢父也取得了勝利，田榮馬上回到齊國，將田假趕走了，擁立田市做了齊王。被趕走的田假逃到了楚國，田角和田間則跑到了趙國。項梁正在乘勝追擊東阿附近的秦軍，希望田榮能夠盡快出兵一起打到西邊去。但是田榮則堅持必須先除掉躲在楚國的田假和趙國的田角和田間，否則不會出兵，這遭到了項梁的拒

絕。項梁這時候只好派項羽和劉邦一起去攻打城陽，他們很快就攻下了這個城池，接著繼續向西攻陷了濮陽和雍丘兩地，還殺了李斯的兒子李由，可以說取得了很大的勝利。因為這樣，項梁慢慢地驕傲起來了。

宋義提醒項梁將領們的驕傲情緒如果士兵們變得懶散了，這樣下去早晚會打敗仗；現在秦國的運兵很快就到了，更應該小心謹慎。但是項梁並沒有把他的話放在心上，也不想聽宋義唧唧歪歪的，便派遣宋義出使齊國。宋義在前往齊國的路上遇見了正要去見項梁的高陵君，於是宋義就勸說高陵君：「現在項梁的軍隊肯定打了敗仗，如果走得太快，也許正趕上送死，你不如慢點走，還能撿回一條命。」不出宋義所料，秦國的援兵在定陶打敗了楚軍，項梁戰死。

章邯在打敗了楚軍之後，北渡黃河打敗了趙軍，把趙王和大臣包圍在鉅鹿，於是趙王派人向楚王求救。之前在定陶打了敗仗，楚懷王很擔心，所以前往彭城將項羽和呂臣的軍隊合起來由自己親自統帥。呂臣擔任軍隊的司徒，其父親為令尹。沛公作為武安侯，統領碭郡的兵馬。因為聽說宋義有先見之明，曾預料到項梁必敗的事情，所以將他請到軍中，封為上將軍，和他一起商量軍中事務。項羽作為副將，范增為末將，一起去增援趙國。

在他們到達安陽的時候，燕國和齊國的軍隊早就到了。因為秦軍的聲勢浩大，所以誰都不願意先出戰，宋義也下令停止前進，等待觀望。這一停就是四十六天。項羽說：「現在趙王身陷鉅鹿之圍，我們應該趕快渡過漳河，楚軍和趙軍裡應外合，一定能夠擊潰秦軍。」但

是宋義卻並不同意他的觀點：「現在正是秦趙交戰最激烈的時候，即便是秦軍勝利，也是疲憊之師，我們以逸待勞，也會打敗他們。這樣一來，傷亡會大大減少。如果秦軍失敗，那麼我們正好順勢西征，將秦國一舉消滅，這樣是最省力的辦法。」接著又對項羽說：「行軍打仗憑的不只是力氣，更是靠謀略制勝。雖說衝鋒陷陣、披掛上陣我沒有你的力氣大，但是說運籌帷幄、決勝千里，你就比不上我了。現在就讓秦國和趙國慢慢去打，你正好可以跟著多學一點。」這擺明瞭就是說項羽只有蠻力而不懂智謀，所以讓項羽非常生氣。

隨後，宋義就命令所有的將士要服從命令，只要違抗他的命令私自行動的，一經發現，立斬不饒。因為宋義和高陵君交好，自己的兒子到了齊國做了國相，所以宋義決定大宴賓客，卻對增援趙國的事情一字未提。當時天氣比較寒冷，連日大雨，糧食並不充足，將士們都在忍饑挨餓，對宋義這時候大宴賓客都感到很不滿。項羽趁機對他們說：「我們原本打算齊心協力對抗秦國，但是現在宋義卻滯留不前。現在正處在荒年，老百姓生活困難，我們吃的都是土豆和豆子，現在糧食不多，他不領兵渡過黃河從趙國獲得糧食，和趙國一起打敗秦軍，卻因為自己的私事大擺筵席宴請賓客，還美其名曰要等到秦軍疲憊的時候再去打。你們想想，秦國的力量非常強大，但趙國卻是剛剛建立起來的，秦國肯定能佔領趙國，這樣一來秦國的力量就會更加強大。那時候，我們有什麼機會利用秦軍的疲憊？再說，我們這邊的軍隊剛剛經過一次敗仗，楚懷王現在在席間也是坐臥不安。現在我們所有的糧餉全都在上將軍宋義手上，他身上關係著國家的生死存亡。但是現在上將軍卻一點也不體恤我們，還派自己的兒子到齊國去做相

國，根本就是在為自己謀取私利，這難道是一個賢能的臣子應該做的事情嗎？」

說完，項羽就直奔宋義的軍帳，砍下了宋義的頭，出來向全體士兵說：「宋義違背了楚王的命令，和齊國一起謀反，所以楚王命令我處死宋義。」這時候將士們都很敬畏項羽，所以誰都沒有反抗，都說：「楚王是項家擁立的，現在將軍只是殺了一個謀反的奸臣罷了。」所以項羽就被推舉為上將軍。之後項羽馬上派人追趕宋義的兒子，在齊國境內將其殺死了。而楚懷王得到報告的時候，也無力改變事實了。

破釜沉舟

項羽殺了宋義，自己當上了上將軍，楚懷王索性將當陽君和蒲將軍的軍隊統帥權都交到了項羽手裡，這樣項羽就成了楚國所有軍隊的統帥。

接下來項羽馬上就開始整頓軍隊，對將士進行安撫。之後就讓當陽君和蒲將軍率領兩萬軍隊去營救陷入鉅鹿之圍的趙王和趙國的軍隊。雖然他們這支軍隊也打了一些勝仗，但是對整個戰局卻起不到決定性的影響，對於鉅鹿之圍來說也是杯水車薪。趙國還是接連不斷地請求項羽繼續增兵救援，所以項羽下令整個軍隊都渡過漳河去和秦軍決一死戰。在吃完飯之後，項羽給每一個人都發了足夠三天吃的乾糧，接著就讓人將所有的鍋碗全部砸碎，一把火將整個軍營也燒光了。之後親自率領整個軍隊過河。到了對岸之後，項羽下令將所有的船隻都沉到河裡面去。他用這種行動來向將士們顯示了他戰鬥的決心，只要還有一口氣在就絕不會退縮。楚軍看到這樣的情形，鍋沒了，船也沒了，如果不能打贏這場仗，就必死無疑了，所以這場仗是有進無退的，勝利了就能活下去，否則就只有死路一條了。抱著這樣的決心，每一個士兵都奮勇爭先，個個都是拼了命地去殺敵，生怕殺的不夠多一樣。

正所謂狹路相逢勇者勝，在秦軍和楚軍進入戰鬥狀態的時候，雖然楚軍的人數不如秦軍，但是楚軍的如宏氣勢和必勝的信念讓秦軍心生動搖。在秦楚兩軍相遇的時候，項羽迅速包圍了王離，切斷了秦軍所有的退路，大敗秦軍，將王離俘虜了；因為他堅決不投降，最後放火自焚而死。

　　就在楚軍和秦軍交戰的時候，其它前來增援鉅鹿的各路諸侯軍隊沒有一個人出戰幫忙，都只是在自己的軍營中觀戰。當他們看到楚軍的戰士們各個都能以一當十、喊殺聲震天的時候，軍隊中的每一個人都是心驚膽戰的。等到擊破秦軍之後，項羽和諸侯的將領會面，在進門的時候，沒有一個人有勇氣抬頭看著項羽這樣一個英勇無比、叱吒風雲的將軍，這場仗使項羽一戰成名，威名遠揚，成了真正的上將軍，各路諸侯的兵馬都歸他指揮。這樣楚軍也成為了各路諸侯軍隊中實力最強的，項羽自此開始手握軍權，一步步朝著滅秦的大計邁進。

　　這時候章邯率領秦軍駐紮在棘原，而項羽率領各路諸侯的大軍駐紮在漳河南岸。因為章邯的實力和諸侯聯軍相差太多，再加上項羽剛剛打了勝仗，士氣正是高漲的時候，章邯是絕對不會和項羽進行正面交鋒的。所以兩軍呈現一種長期對峙的局面，只有幾場很小的戰役。因為秦軍節節後退，秦二世派使者來責問章邯，於是馬上就派長史司馬欣回去向朝廷稟告前線的戰況，並請求指示。但是司馬欣回到咸陽，等了整整三天，都被趙高拒於門外。

　　後來，司馬欣得知趙高打算用隱瞞軍情的罪名將他殺死，就趕緊逃走了。幸虧他逃走的時候多長了一個心眼，沒有按照原路返回，所

以趙高派來追趕他的人沒有趕上他。等到司馬欣回到軍中，向章邯說了自己的遭遇，接著說：「趙高現在掌握著整個朝廷的大權，在他下面的那些大臣也是有心無力，幫不上什麼忙的。現在如果有幸能夠將這場仗打勝了，趙高會嫉妒我們的戰功，會千方百計地陷害我們。如果勝不了，我們也難逃一死。我們現在該如何是好？」就在他們一籌莫展的時候，趙國派人寫了一封信給章邯：「當年白起為秦國征戰無數，奪取了無數的城池，立下了赫赫戰功，但是最後的結果是被賜死；大將軍蒙恬，趕走了匈奴，但是最後也被陷害致死。這就是因為他們的戰功太多，朝廷不可能給每個人都封賞，所以才會找藉口把他們殺掉。現在您也做了三年將軍，將士損傷無數，而各路諸侯的兵馬會越來越多。趙高溜鬚拍馬成了習慣，到時候如果情勢危急，他為了自保，肯定會將罪名推到您身上，再讓別人頂替您的位置。您長期在外征戰，朝中難免會有人對您不滿，您立功也是死，不立功也是死。再說秦朝滅亡已成定局，憑藉您一個人的力量也不能力挽狂瀾。現在為了您考慮，希望您能夠起兵反秦，等到秦國滅亡之後，您也能夠得以封王封侯，結果要比被殺好很多了。」

章邯看了之後終於動心了，就秘密地派使臣到項羽那裡，希望能夠和他訂立合約，但是沒能實現。之後項羽就馬上命令蒲將軍率領軍隊過河，不分晝夜地和秦軍交戰，再一次將秦軍擊潰。項羽率領其餘的軍隊，在汙水再一次大敗秦軍。

形勢很危急，章邯只好再一次派人去見項羽希望能夠訂立合約。因為糧草不足，項羽這一次答應了章邯訂立合約的要求。雙方約好日期之後，決定在桓水南岸的殷墟會晤。合約定好之後，章邯見到項

羽，忍不住流下眼淚，哭訴趙高對自己的不信任和迫害，項羽聽了之後也是感慨萬千，當時就封章邯為雍王，就在項羽軍中效力。隨後司馬欣被任命為上將軍，歸順的秦軍由他統領，並擔任攻打咸陽的先鋒部隊。

各路諸侯的軍隊大部分都是起義的農民，很多都受過徭役之苦，還曾被派往邊疆，路途中，秦軍對他們打罵無常。現在他們投降了，諸侯的士兵們就趁此機會侮辱使喚秦軍。等到了新安縣的時候，秦軍就開始私下議論：「章將軍帶我們投降了，能入關滅秦當然很好，但是如果不能進入關內消滅秦國的話，諸侯的軍隊就會把我們作為俘虜帶回關東，秦朝就會殺掉我們的家人，到時候該怎麼辦？」他們的這些議論被諸侯軍的將領得知後報告給了項羽，項羽和眾人一商量，也擔心降軍中有人不服，恐怕會臨陣倒戈，那樣是很危險的。所以連夜將投降的二十萬秦軍活埋了，只帶著章邯、司馬欣、董翳等進入秦朝的土地。

鴻門宴

項羽帶兵一路向西前往函谷關。誰知道函谷關卻關門緊閉，不讓進出。項羽派人一打聽，才知道是劉邦已經佔領了關中之地，不讓外人進出。項羽很生氣，當即就派當陽君等人去攻打函谷關。項羽攻下了函谷關，又一路西行，將大軍駐紮在了新豐、鴻門一帶。這個時候，劉邦的軍隊在灞上。

劉邦的左司馬曹無傷覺得自己的主公怎麼都不是項羽的對手，心裡就盤算著去投奔項羽。他偷偷派人過去跟項羽說：「劉邦想要在關中做老大，他已經把秦朝留下來的財寶都據為己有了。」項羽一聽大怒，當即就想要去攻打劉邦。當時的情況是，項羽有四十萬的軍隊，劉邦則只有十萬人，項羽佔據優勢。項羽的謀士范增也很同意攻打劉邦，他對項羽說：「劉邦在山東的時候，就是一個流氓，貪財還好色；誰知道進了關中，什麼財產也沒有搶，也沒有親近女色，從這就可以看出他是一個有著大志向的人。這樣的人絕對是一個對手，還是早點除去為好。」

當時張良在劉邦手下做事，張良曾經救過項羽的叔叔項伯的命，項伯得知項羽要誅滅劉邦的消息後，十分擔心張良的安危，在晚上偷偷跑到了劉邦的軍營中去見張良。張良聽完事情的原委後，對項伯說

道：「現在事情緊急，我不能逃走，一定要先去告訴沛公。」於是張良就去見劉邦，把項伯說的情況又復述了一遍。劉邦聽後大驚，對張良說道：「請先生去把項伯請來，我要像對待兄長那樣對待他。」於是張良又去叫來了項伯。劉邦一見項伯，立即端著酒杯去敬酒，恭恭敬敬地說道：「我自從進到關內一來，一向是秋毫無犯，把所有的財富都封存起來，就是為了等待項將軍的到來啊！至於封鎖了函谷關，那也只是為了保證關內的太平而已。我對項將軍絕對是忠心耿耿的，怎麼可能會造反呢？還請您回去一定替我辯解辯解。」接著，劉邦又趁機跟項伯結成了兒女親家。項伯說道：「我回去一定勸勸項羽，但是您明天最好能自己親自去一趟道個歉。」劉邦答應了。

項伯回到軍中後，將劉邦的話都告訴了項羽，又勸項羽說：「如果沒有劉邦，我們又怎麼會如此輕易地進入函谷關呢？現在人家有了功勞，您不但不獎賞人家，反而要殺人家，這要是傳出去，肯定會被天下人所不齒的。還是讓他明天親自過來一趟，大家談談話，交流一下，把話說清楚以後再做決定。」項羽覺得項伯的話有道理，於是就答應了，傳令下去說明天不開戰。范增聽說後又趕來見項羽，詢問是什麼情況。項羽把明天劉邦要過來的消息告訴了范增，范增建議項羽在酒宴中殺了劉邦，項羽同意了。

到了第二天早上，劉邦果然來了，還帶著張良、樊噲等一幫親信。見到項羽後，劉邦又不住訴說自己的無辜：「我當初跟將軍您一起攻打秦國，將軍您在河北作戰，我在河南，實在是沒想到我竟然能夠僥倖先進入了咸陽城。但我對您的忠心蒼天可表，一定是有什麼可惡的小人亂嚼舌根，才令我們二人生了嫌隙。」項羽回答道：「還不

是你沛公的左司馬曹無傷，如果不是他來跟我說，我又怎麼會這麼做。」說完客套話後，雙方謙讓著入了席，項羽和項伯面朝東坐，范增面朝南坐，劉邦面朝北坐，張良面朝西坐。酒席期間，范增使了好幾個眼色給項羽，示意他殺了劉邦，怎奈項羽都裝作沒看見。

范增見項羽優柔寡斷下不了決心，就找了個藉口出去見項莊。他對項莊說：「大王為人心太軟，你現在藉口舞劍助興，趁機把劉邦殺掉。劉邦不死，我們就不得安生。」於是項莊進到營中，先是敬了一圈酒，又對項羽說：「大王跟沛公在一起喝酒，軍營裡實在沒有什麼可以娛樂的，不如我來舞劍給大家看吧。」項羽答應了。項莊於是拔劍起舞，幾次都差點殺了劉邦。坐在旁邊的項伯看出了眉目，於是也站起來拔劍起舞，處處阻撓項莊。

坐在旁邊的張良此時也看不下去了，連忙出去找樊噲。樊噲看見張良後詢問裡面的情況，張良跟他一一都說了，樊噲聽後很生氣地說道：「人為刀俎，我為魚肉。我要進去救沛公。」說完拿著劍盾就往裡衝，站崗的士兵都阻攔不了他。樊噲進到營帳後，面朝西站好，怒目而視項羽，眼珠都好像要裂出來一樣。項羽見闖進來一個陌生人，立刻挺直了身體、手握腰間的寶劍問道：「你是什麼人？」跟在後面的張良說道：「他是沛公的侍衛，叫樊噲。」項羽見樊噲氣度非凡，心裡也十分敬重，於是說道：「真是一位壯士啊！賜給他一杯酒喝。」樊噲說道：「有酒怎麼能沒有肉？」於是項羽又命人給他切了大半塊生豬肉。樊噲將盾牌擱在地上，然後把豬肉擺在盾牌上，拔出腰間的劍就切著吃了起來。沒一會就吃完了。項羽很高興，又問道：「壯士還可以再多喝幾杯嗎？」樊噲冷冷地答道：「我死尚且不怕，又怎麼

會怕喝幾杯酒。之前秦國那麼殘暴，殺人成性，鬧得天下都不太平，所以天下的百姓都背離了他們。楚懷王曾經跟諸位將軍約定，誰先進入咸陽城，誰就是關中王。現在沛公先進來了，他不但沒有以關中王自居，反而把一切都收拾妥當，日夜等待將軍您的到來。如此大的功勞，您不但不獎賞，反而還要率兵攻打他，您這是在走秦國滅亡的老路子啊！實在是太不應該了。」項羽被樊噲這番話說得是啞口無言，只是訕訕地說道：「壯士坐下吃肉、喝酒。」樊噲於是挨著張良坐了下來。

沒過一會，劉邦藉口上廁所，偷偷把張良和樊噲也叫了出來。劉邦說：「現在如果偷偷跑掉的話，就沒辦法告辭了，該怎麼辦呢？」樊噲說道：「成大事者不拘小節，現在我們就是人家案板上的肉，只有任人宰割的份，不逃還等什麼？」張良問道：「您出來的時候帶什麼禮物沒有？」劉邦答道：「我準備了一雙白璧想要獻給項羽，還有一對玉斗想要給范增。現在他們正在氣頭上，我也沒敢說。不如你替我給吧。」於是劉邦就這樣在樊噲的護衛下溜回了灞上。

張良估摸著他們已經回到了營中，這才慢吞吞地回到項羽那裡道歉說：「沛公不勝酒力，又怕惹大王生氣，已經先回去了。他走之前交待我將這雙白璧獻給您，還有一雙玉斗，是給亞父的。」項羽接過了玉璧，放在了桌子上，范增卻將那對玉鬥狠狠地摔在了地上，氣憤地說道：「豎子不堪與謀，將來奪取項羽天下的人，肯定是劉邦！」

劉邦一回到軍中，立刻下令誅殺了曹無傷。

西楚霸王

鴻門宴之後，項羽繼續帶著軍隊往西行。項羽進入咸陽城後，先是殺了已經投降了的秦王子嬰，接著又下令屠城，秦宮裡所有的金銀財寶都被搶奪一空，就連宮女都被抓來任士兵凌辱。搶完後，項羽又一把火燒了著名的阿房宮，大火一直燒了三個月。

有人建議項羽道：「關中這個地方，土地肥沃，資源豐富，易守難攻，是稱霸天下的基礎所在，您為什麼不在這裡建都呢？」項羽看著已經被自己燒得面目全非的咸陽城，再加上思念故鄉，沒有接受這個建議，對那個人說道：「如果一個人發達了卻不回到故鄉去，這就好比是在黑夜裡穿著一件華麗的衣服去招搖，不會被大家看見，也得不到讚美，這樣有什麼意思呢？」提建議的人聽項羽這麼一說，心中對他大為鄙夷，對別人說道：「項羽這個人看起來很厲害，其實沒什麼大志向，不過是一隻帶了人的帽子的猴子而已，看著再像是個人，本質上也只是一隻猴子而已。」這話被項羽得知後，他十分氣憤，立刻命人將他殺了。

這個時候，項羽才想起來給楚懷王報告咸陽城裡的情況。楚懷王也知道自己的地位，只是說道：「就按項將軍的意思辦吧。」項羽手握重兵，實際上已經成為了真正的天下霸主。

項羽心裡打算自己稱王，於是決定將楚懷王尊為義帝，又將自己手下的有功之人都封了王，並說道：「天下最初開始反抗暴秦時，都是暫時立了六國王室的後人為王，這樣做的目的是想要能夠凝聚人心。這幾年下來，天下之所以能夠平定，還是靠著我們這些人一刀一劍打下來的。我們辛辛苦苦打下來的江山，當然應該自己享受，大家覺得是不是這個道理？」下面的人都紛紛贊同，於是項羽就大肆封王。

　　項羽心裡最忌憚的人還是劉邦，按照之前的約定，他應該封劉邦為關中王，可是關中是塊寶地，給了劉邦無異於放虎歸山，可是如果不封，又會背上一個不講信譽的　名。項羽和范增想來想去，想到了一個辦法，他們認為，巴蜀這兩個地方，現在都住著先秦的人，勉強算是關中的地盤，而且這兩個地方地勢險峻，把劉邦封到那裡去，也算是兌現了承諾，還免除了後顧之憂。於是將劉邦封為了漢王，將都城建在了南鄭。為了防範劉邦，項羽又將關中的地盤劃分為三部分，分別封給了秦朝的三個降將：封章邯為雍王，統轄咸陽以西的土地，建都廢丘；封司馬欣為塞王，治理咸陽城以東到黃河邊上的地盤，都城建在櫟陽；董翳被封為翟王，管轄上郡，都城在高奴。他們三個人還有一個任務，就是監視劉邦，阻擋他東進的道路。

　　之前的魏王魏豹被項羽改立為西魏王，治理河東，建都在平陽。韓王成仍然住在老地方，都城在陽翟。項羽又將趙王歇改立為了代王。趙國大將司馬卬因為立有戰功，被封為了殷王，統領河內，建都朝歌。趙相張耳一向名聲很好，又跟隨項羽一塊入關，因此也被封為了常山王，封地在趙地，都城在襄國。張耳的寵臣瑕丘申陽，因為率

先攻下了河南郡，又在黃河邊上迎接過楚軍，被立為河南王，都城建在了洛陽。鯨布戰功顯赫，被立為九江王，建都六縣。吳芮被封為衡山王，建都邾縣。共敖被封為臨江王，建都江陵。項羽還改立燕王韓廣做了遼東王，而將燕將臧荼立為了燕王，建都在薊縣。齊王田市也被改立為膠東王，而原來的齊將田都則被立為了齊王，建都臨淄。田安因為在項羽渡河攻趙時帶領自己的軍隊歸順了項羽，被封為濟北王，建都在博陽。田榮因為多次背叛了項梁，又不肯跟隨楚軍一起攻打秦軍，所以不被項羽喜愛，項羽只封了他三個縣的地盤。而吳芮的部將梅宣因為戰功多，也被封為了萬戶侯。

封完別人後，項羽開始研究該給自己安個什麼名號。因為他決定要回江東，而自己的祖上一直都是楚國的大將，所以肯定要有個楚字，但如果只是叫楚王，又和其它的諸侯王顯示不了區別，再加上他覺得自己戰功卓著，勇氣無敵，所以最後想出了西楚霸王的名號。項羽自封西楚霸王，統治楚地的九個郡，建都在彭城。

項羽雖然暫時平定了天下，但是他沒有一點政治智慧，分封諸王也只是憑著自己的一時喜惡，所以這就為以後的動亂埋下了伏筆。

楚漢相爭

西元前二〇六年，項羽分封了諸侯王，有的歡喜有的憂，封了王的也不是全都高高興興的，也有對自己的分封不滿意的。只是滿意的不滿意的都沒辦法，均前往自己的封國就位去了。

西楚霸王項羽出關回國，義帝還在彭城，他可不想和這個主子在一起。於是項羽找了個藉口，說是自古以來所有的帝王都是依水而居，而且都是住在水流的上游，就派人強行把義帝給遷往長沙的郴縣去了。那些追隨義帝的大臣們自然不同意了，可是也無可奈何，於是就想聯絡各地的諸侯反叛項羽。項羽知道了，就下達了密令派人把義帝和追隨他的大臣們一起殺死在大江上了。

過了一段時間，項羽召見韓王。因為韓王來晚了幾天，項羽就把他給殺了。燕王臧荼到了封國，馬上驅逐了遼東王韓廣，兼併了遼東的土地。

齊將田榮覺得不公平，論戰功，他也應封王。只因他不順從項羽的意圖，所以就沒有被封王。況且西楚霸王項羽剛封完王，就開始不履行諾言。田榮越想越氣，乾脆糾集力量，起兵反叛項羽。他首先率兵擊敗了齊王田都，又南殺了膠東王田市，又向西進攻殺了濟北王田安，吞併了三齊的封地，自稱齊王。

田榮以齊王的名義任命彭越為將軍，讓他在梁地反擊項羽。這時，陳餘派人來見田榮說：「項羽自稱西楚霸王，主持分封，但是他一點也不公平，他把原來的諸侯王的封地分給自己的親信大臣，而把諸侯王改封到貧瘠的地方。現在您的軍隊開始反擊楚軍，我也想加入反對楚國的隊伍中，希望您能給我一支軍隊，讓我去攻打常山，奪回我原來的趙國封地，那時趙國就是齊國的屏障了。」田榮馬上答應了陳餘的請求，並給了他一支軍隊。陳餘打敗了常山王張耳，張耳只好逃往漢中，歸附了漢王劉邦。陳餘將趙王接回趙國，趙王不勝感激，就封陳餘做了代王。

　　此時，漢軍已經明修棧道、暗度陳倉了。劉邦率軍原路返回了關中，不久平定了三秦。項羽聽說劉邦已經吞併了關中所有的地區，並將要東進，而且齊國和趙國又背叛了楚國，項羽非常生氣，於是任命鄭昌為韓王，讓他先去抵擋漢軍。劉邦就派張良去攻打韓地。張良給項羽送去一封信說：「漢王的封地應該是整個關中地區，您封給漢王的土地遠遠不夠。除非您履行『誰先入關中，誰就是關中王』的約定，否則漢王若想要得到關中，就只好自己奪取了。」同時送給項羽的還有齊國和梁國聯合反抗楚國的書信。項羽看了以後，就放棄了西進攻打劉邦的計劃，回頭向北先攻打齊國。隨後，項羽派人向九江王黥布調軍隊。但是，黥布不願意親自去，就說自己患病了。於是，項羽只好命手下率領幾千人前往，並且非常憎恨黥布。

　　西元前二〇五年的冬天，項羽向北攻打到城陽，並打敗了前來決戰的田榮。田榮只好逃到平原，結果被平原的百姓給殺了。項羽活埋了田榮手下投降的全部士兵，接著北進。楚軍一路燒殺擄掠的行為激

起了齊國人的反叛。田榮的弟弟田橫收集了齊軍逃散的士卒共有幾萬人，在城陽反擊楚軍。因為戰敗就會被活埋，所以人人奮勇當先，項羽與田橫交戰多日，還是打不下來。

西元前二〇四年的春天，漢王劉邦聯合了五個諸侯國的兵馬，共五十六萬人，向東進兵討伐楚國。四月的時候，劉邦率軍攻入彭城，搶奪財寶和美人，並且每天大宴賓客。項羽知道以後，就命手下的將領攻打齊國，而他自己則率三萬精兵向南從魯縣穿過胡陵襲擊劉邦。項羽清晨就引兵西行奔向蕭縣，邊攻打漢軍邊東進。中午時分，楚軍已經打到彭城了。漢軍潰敗而且四處逃散，死傷十萬餘人。於是，漢軍向南逃入山中，楚軍又追到靈壁東面的睢水邊上。楚軍步步緊逼，漢軍不停地後退，漢軍士卒十餘萬人都掉進睢水，睢水都堵塞得流不動了。不久，楚軍就圍困了漢王。

這時，西北方向吹起了大風，樹木被折，房屋被毀。一時間，天昏地暗，飛石吹向楚軍。受此影響，楚軍陣腳大亂。就這樣，劉邦才帶著幾十名騎兵衝出重圍。劉邦本想帶人取道沛縣，攜帶家眷向西逃亡。不料，項羽也追到了沛縣，並且抓了劉邦的家眷。劉邦在路上遇見了兒子劉盈和女兒劉樂，就把他們帶上車一塊西逃。楚軍騎兵追趕漢王，情急之下劉邦幾次把劉盈和劉樂推落車下。滕公夏侯嬰每次都下車把他倆重新扶上車，這樣推下扶上有好幾次。滕公對漢王說：「再危急，也不能把他們扔掉不管呀。」因此，這兩個孩子才脫離了危險。審食其跟著劉太公和呂后從小道逃走，也不停地找尋劉邦。哪知他們卻遇到了楚軍，就被楚軍俘虜了。

此時，呂后的哥哥領兵駐紮在下邑，劉邦就決定前去投奔。劉邦還一路上收集散兵，各路的殘兵都彙集到了滎陽，劉邦的勢力也變大了。不久，劉邦就率京邑、索邑之間的地方軍戰敗了楚軍，使楚軍不敢向西進攻。

項羽回兵去援救彭城的時候，田橫趁機恢復了齊地，立田榮的兒子田廣為齊王。就這樣，得知劉邦彭城戰敗的消息以後，各個諸侯都歸順了楚而背叛了漢。

鴻溝劃界

　　西元前二○四年，劉邦駐守滎陽。為了奪取敖倉的糧食，劉邦命人修築了和黃河南岸相接的甬道。項羽多次派兵侵奪漢王的甬道，漢王糧食缺乏。劉邦心裡恐慌，就想講和，以得到滎陽以西的地盤為條件。本來項羽想接受這個條件。但歷陽侯范增說：「現在正是消滅漢王劉邦的好時候，如果現在把他放走，以後您必定會後悔。」項羽立刻包圍了滎陽。

　　劉邦當然很擔心，這時謀士陳平就獻策挑起項羽和范增之間的矛盾。項羽派使者到了劉邦的軍中，劉邦命人備好了酒菜。劉邦端起酒杯剛要獻酒，但見到使者就放下了。劉邦故作驚訝地說：「我以為是亞父范增的使者呢，原來是項羽的使者啊。」很快劉邦就命人撤走了酒菜，並端上很差的飯菜給使者。使者將這些事情告訴了項羽，項羽很生氣。隨後，項羽竟然相信范增暗中勾結劉邦，就奪了范增的權，也不再相信范增了。范增非常氣憤，說：「天下事大局已定，希望您讓我把這把老骨頭帶回家鄉吧。」項羽同意了。於是，范增就起程趕路了。但不幸的是，范增還沒有到達彭城，就因脊背的毒瘡發作而死了。

　　漢將紀信對劉邦說：「現在情勢十分危急，只有讓我裝作大王您

欺瞞楚兵了。而您則趁機逃走，日後東山再起。」於是，紀信連夜率領兩千身披鎧甲的士兵，使用漢王的儀仗隊走出滎陽的東門，去向項羽詐降。紀信命人對項羽說：「早就沒有糧食了，漢王就決定投降。」楚軍一起歡呼起來。劉邦趁機帶著幾十名騎兵從城西門逃走了。項羽仔細看清了是紀信而不是劉邦，就大怒問：「劉邦呢？」紀信從容不迫地說：「漢王已經出城走了。」項羽大怒就把紀信燒死了。於是楚軍攻佔了滎陽城，並殺了守城的將士。

劉邦逃出滎陽以後，就向南逃到宛縣、葉（舊讀音同社）縣。途中，劉邦遇到九江王黥布。於是，劉邦一邊前行，一邊收集散兵。不久，劉邦再次進入成皋，並駐守在那裡。

西元前二○三年，項羽進兵包圍成皋。劉邦一看抵擋不住，乾脆棄城逃走，一個人帶著滕公夏侯嬰出了成皋北門，渡過黃河，逃向修武，去投奔淮陰侯韓信的部隊。將領們也紛紛逃出成皋，並跟隨劉邦。不久，劉邦得到淮陰侯韓信的支持，就在黃河北岸駐守了。項羽攻下成皋以後，打算繼續西進。不料，劉邦又派兵在鞏縣反抗楚軍，並截斷了楚軍西進之路。

這時，彭越渡過了黃河，並在東阿等地反擊楚軍。不久，彭越殺死了楚將薛公。於是，項羽就親自率兵東進攻打彭越。隨後，劉邦派劉賈支持彭越，並命人燒毀了楚軍的糧草。然後項羽繼續東進，戰敗了劉賈，擊退了彭越。劉邦就率領部隊渡過黃河，攻佔了成皋，並在西廣武紮營，就近獲取食敖倉的糧食。項羽基本平定了東方，然後掉轉頭來西進。不久，項羽在東廣武與漢軍隔著廣武澗駐紮下來。兩軍各自堅守，一直持續了好幾個月。

這時，彭越幾次往返梁地，並阻斷了楚軍的糧道。為此，項羽十分憂慮。他把劉邦的父親劉太公押到陣前，並大聲喊道：「如果劉邦不盡快過來決戰，我就把劉太公烹殺了。」劉邦聽到以後，心裡又氣又急。劉邦無奈，把心一橫，並回答道：「我和項羽曾共約為兄弟，我的父親不也是你的父親嗎？如果你想烹殺我們的父親，也請分一杯羹給我吧！」項羽大怒，馬上下令要烹殺了太公。這時，項伯勸解道：「劉邦想奪取天下，而奪取天下的人是不會顧及親人的。所以，劉邦才不會在意父親的死活。因此，就算我們殺了劉太公，也不會有什麼好處，更何況殺人父母有可能會激起很多的反抗。」項羽也不想破壞自己的英雄形象，就接受了項伯的建議。

　　無奈之下，項羽就從正面向劉邦挑戰了。項羽派使者向劉邦下了戰書：「最近幾年以來，天下一直動盪不安，紛爭不斷，民眾餓殍遍地，這都是由於我們兩人的爭戰。因此，我建議我們兩人按照楚人古代尚武的精神，進行單打獨鬥來決定勝負。這樣，就不會讓天下人為我們遭受顛沛流離的痛苦了！」顯然，憑個人勇武的本領，劉邦根本打不過項羽。所以劉邦絕對不會中計，只是笑著要使者回去傳話：「我崇尚智鬥，而不是武鬥。」項羽多次派人出城挑戰，但都被劉邦手下的勇士射死。但是劉邦就是堅守城池，不出城迎戰。後來，項羽要求和劉邦對話，劉邦就選擇在廣武澗東西兩邊與項羽對話，劉邦以為有廣武澗相隔，自己一定安全，不想談了幾句，項羽抬手一箭射中了劉邦，劉邦趕緊跑進成皋。

　　這期間，淮陰侯韓信已經攻克了河北，打敗了齊、趙兩國，而且正準備向楚軍進攻。項羽只好派龍且前去迎擊。不久，淮陰侯韓信和

灌嬰戰敗了龍且。隨後，韓信就自立為齊王。項羽得知龍且被殺以後，就派盱臺人武涉去誘降韓信，勸他聯楚背漢，並將與楚漢三分天下。但是，韓信不聽。於是，項羽只好對海春侯大司馬曹咎等人說：「你們先死死守住成皋，千萬不要讓漢軍東進。假如漢軍挑戰，也一定不要和他們交戰。十五天之內，我一定會殺死彭越，平定梁地，回來再跟你們會合。」然後項羽帶兵向東出發，一路上攻打陳留、外黃等地。

項羽攻破外黃以後，就下令把十五歲以上的男子全部趕到城東去，並要活埋了他們。外黃縣令門客十三歲的兒子去勸諫項羽。他對項羽說道：「彭越憑藉武力威脅外黃，外黃人害怕，所以才暫且投降。其實我們是為了等待大王您啊。現在大王您來了，卻又要全部活埋百姓，百姓怎麼還能歸順您呢？從這往東，梁地十幾個城邑的百姓都會害怕您，也就沒有人願意歸順您了。」於是，項羽才就釋放了要活埋的那些人。接著，項羽向東進攻睢陽縣，睢陽人聽到這個情況後，就立即歸順了項羽。

項羽走了以後，漢軍果然向楚軍挑戰，楚軍堅決不出戰。劉邦就派人去叫　他們，連續五六天。大司馬曹咎終於忍不住氣憤，就派兵渡過汜水。楚軍剛渡過一半，漢軍就出擊了，楚軍大敗。大司馬曹咎、長史董翳、塞王司馬欣等都在汜水邊上自盡了。在睢陽的項羽聽說楚軍戰敗，就急忙帶兵往回趕。當時，劉邦正命人圍困楚將鍾離昧。項羽剛到，漢軍就全部逃到附近的深山中，堅決不和項羽作戰。

此時，漢軍糧草充裕，士氣大盛；楚軍則士氣低落，糧草瀕臨斷

絕。這時，劉邦又封英布為淮南王，命英佈在楚地夾擊項羽。然後，劉邦讓燕人派騎兵作戰。為了能夠救回父親太公，劉邦派侯公去遊說項羽。劉邦說想和項羽共用天下，並約定鴻溝以西屬於漢，鴻溝以東屬於楚。項羽同意了，並放了劉邦的家眷，然後就率軍罷兵東歸了。

四面楚歌

　　項羽和劉邦劃定了楚河漢界之後，項羽就帶上他的隊伍東歸了，劉邦便也想撤兵西歸。張良和陳平勸他說：「現在一多半的天下都已經成為您的囊中之物，那些諸侯國又都依附於我們大漢，而項羽領導的楚軍早已筋疲力盡，這可是上天要亡他們楚國啊，不如乾脆將他們消滅了吧。現在放走項羽無異於放虎歸山啊。」劉邦心裡也覺得就讓項羽這麼走了有些不甘心，馬上就接受了他們的建議。

　　西元前二〇二年，漢王劉邦追擊項羽的部隊一直追到了陽夏南部，劉邦讓部隊安營紮寨，並且和淮陰侯韓信、建成侯彭越約定了會師的日期，在那天共同攻打楚軍。到了約定的日期，漢軍來到了固陵，韓信和彭越卻沒有按期來和他會合，項羽率領的楚軍把漢軍打得落花流水。劉邦只得逃回營寨，挖掘壕溝，躲在裡面堅決不出來。然後他叫來張良，問道：「韓信和彭越是怎麼回事，說好了一起攻打楚軍的，他們怎麼可以不守信用呢。」張良說道：「楚國現在已經快被我們打垮了，韓信和彭越卻還沒有得到分封的地盤，所以他們不願意前來也怪不得他們。大王您如果可以和他們共分天下，那麼想必他們就會馬上趕過來了；如果您不願意，那戰場上的形勢就難說了。您如果能把陳縣以東到海濱一帶的地方封給韓信，把睢陽以北到谷城的地

方封給彭越，這樣一來他們就會為了維護自己的封地而戰鬥，就能夠戰勝楚軍了。」

劉邦同意了這個辦法，於是派出使者分別給韓信和彭越送信，說：「你們同我一起攻打楚軍，將楚軍打敗後，陳縣以東到海濱一帶的地方就是韓信的，睢陽以北到谷城的地方就是彭越的。」這二人一聽使者這麼說，馬上高興地調兵遣將去支持劉邦。韓信從齊國出發，劉賈也從壽春進發，二者的軍隊屠戮了城父之後到達了垓下。此時在楚軍之中，大司馬周殷叛離了項羽，以他的兵力屠戮六縣，並和韓信、彭越一起將項羽的軍隊牢牢地困在了垓下。

項羽被困，軍心不穩。他組織了一支人馬，想要衝出包圍圈。可是漢軍的各路人馬將垓下包圍得嚴嚴實實，殺退一批，馬上又一批迎上來；衝出了這一層，馬上又要面對第二層。項羽忙得焦頭爛額，根本沒有辦法突圍，只好重新回到垓下的大營中。他吩咐營中將士，小心防守，伺機再戰。然而他接連幾次率軍突圍都沒有成功，無奈之下只好按兵不動。劉邦的軍隊也多次進攻，可項羽也不是吃素的，將他們的進攻勢頭一次次壓了下去，一時間劉邦也沒辦法徹底消滅這支楚軍。

只是，這幾場小戰鬥打下來，項羽的楚軍是越來越少了。他們被困這麼多天，糧食也漸漸地吃完，士兵們又餓又累，早就沒有了鬥志，楚軍的軍心開始動搖。這時，韓信讓漢軍蒸好饅頭做好飯菜，對著楚軍呼喊勸降。在食物的誘惑下，楚軍的士兵有些就按耐不住了，偷偷逃到了漢軍的隊伍中。韓信用好吃的好喝的款待了這些人，等他

們吃飽喝足之後，韓信讓這些人教漢軍唱他們楚地的歌曲。劉邦不知道韓信的用意，問他為什麼要這麼做，韓信詭秘一笑，只說自有用途。同時，他還停止了對楚軍的進攻。

幾天後的一個深夜，韓信將這些會唱楚歌的漢軍全都集中在一起，讓他們唱起了楚歌。靜謐的夜晚中，被包圍的項羽眾將士只聽得西風吹著草叢呼呼直響，似乎還夾雜著嘈雜的人聲。項羽側耳細聽，好像是從漢軍的大營傳過來的歌聲，而且還都是楚歌。項羽愣住了，心想，難道劉邦已經佔領了楚地，不然怎麼這麼多人都在唱楚歌呢？他起身巡視大營，只見他的將士們也都醒來了，都在傾聽這家鄉熟悉的聲調。楚軍個個又餓又累，又聽到這淒婉的歌聲，不由得都思念起家中的親人來，痛哭流涕，跟著唱了起來。

項羽看到這景象，自知無力迴天，心煩意亂的他也無心睡眠，便叫來自己的心腹大臣，和自己的妃子虞姬一起在帳內飲酒解煩。虞姬才貌雙全，是個善解人意的女子，她仰慕項羽的蓋世風華，便嫁與項羽為妻。虞姬不光貌美，她的舞姿也是楚楚動人，舞起劍來更是凌厲嫻熟，身姿輕盈如水，頗有巾幗不讓鬚眉之意。項羽寵愛他，行軍作戰的時候也會帶著她。幾杯酒下肚，項羽想起過去的自己，他的寶馬烏騅載著他肆意地奔跑在戰場上，他的虞姬在他征戰後會為他舞劍祝賀；而現在，他大勢已去，被圍在敵軍陣中，連飯都吃不上一口。項羽心如刀絞，他沒什麼可留戀的，只是覺得自己連累虞姬跟著自己一起受苦。這個在戰場上叱吒風雲的西楚霸王，在此時流露出了兒女情長、英雄氣短的感歎，他悲傷地唱道：「力量可以將大山拔起來啊，英雄的氣概真是舉世無雙！無奈時運不濟啊，騅馬也不再向前闖了！

騅馬不向前闖了，我該怎麼辦啊！虞姬啊虞姬，我該拿你怎麼辦呢？」

虞姬拔劍起舞，以歌應對項羽道：「漢軍已經攻下城池了，這四面傳來的都是楚地的歌聲。大王您意氣風發，只是英雄氣短，您讓我怎麼活下去？」唱完後就拔劍自刎。虞姬意在了斷項羽的後顧之憂，讓他拋棄兒女情長，奮力一戰，也許還能逃出生天。項羽痛失愛妃，倉促之間只能流著眼淚匆匆掩埋了她。身後的兵士們看到這幅場景，不由得紛紛落淚。掩埋了虞姬之後，項羽帶殘餘的八百多士兵，騎上烏騅馬向南衝去，想趁夜突破重圍。

烏江自刎

　　項羽跨著烏騅戰馬，率領著部下八百名壯士組成的隊伍，當晚從南面突出重圍，趁著夜色往東南方向一路奔逃而去。天亮的時候，漢軍察覺項羽已經逃走，連忙報告給了漢王劉邦。劉邦命令騎兵將領灌嬰率領五千騎兵追趕項羽，可因為項羽神勇，將軍們都有些畏懼他，並不願意和他正面作戰。為了能夠一戰殺死項羽，劉邦許諾道：「不管是誰，只要能殺了項羽，我就把項羽的楚國封地給他，並封他為諸侯王。」這一下，將士們個個奮勇爭先，一路追殺項羽。等到項羽渡過淮河時，能跟上項羽的騎兵也就只有一百多人了。

　　逃到陰陵的一個路口，項羽迷路了。他看到一個莊稼人，便上前問他走哪條路可以到彭城。此人看出來來者就是西楚霸王項羽，不願意幫他，就給他指了一條錯誤的道路，讓他往左邊走。項羽帶著這一百多人匆匆向左逃去，可是越跑越不對勁，到後來他們的面前出現了一片沼澤地。項羽這才知道自己受騙了，急忙調轉馬頭，沿著來時的路退了回去。這時，漢軍已經追了上來。

　　項羽慌忙又往東南跑去，他帶領的士兵們在路途中死的死，傷的傷，到了東城（今安徽定遠縣東南），項羽停下來清點了一下人數，已經只剩下二十八個騎兵了。漢軍看到項羽止步，立即從四周包抄上

來。項羽仍然沒有服輸，他要想盡辦法脫身。他對這二十八個人說：「從我領兵起義到現在已經八年了，我打了七十多次仗，我抵擋的敵人都會被我打垮，我攻擊的敵人沒有不投降服從我的。我從來沒有失敗過，所以才能稱霸，佔據天下三分。今天被困在這裡，這是天要亡我，並不是我作戰指揮上出了錯。今天，我是要決心戰死於此。我願意讓諸位再打一次痛快的仗，一定能勝他們三個回合，為你們衝破重圍，斬殺漢軍，砍倒他們的軍旗，讓諸位知道，這次確實是天要亡我，不是我的戰術出了錯。」

項羽將這些人分為四隊，從四個方向分別突圍。項羽對他們說：「看我先為你們拿下一員漢將！」他率先領著自己這一隊騎馬飛奔，所到之處漢軍成片倒地潰敗，他一刀就殺掉了一員大將。漢軍的騎將，赤泉侯楊喜緊緊地追趕著項羽，項羽回頭瞪著眼睛厲聲呵斥他，把楊喜嚇得連人帶馬都退後了好幾步。第一次衝殺過後，項羽和他的騎兵在事先約定的地點匯合，漢軍不知道項羽的去向，重新整頓了部隊再次包抄上來。項羽策馬衝出去，一舉斬殺了一名漢軍的都尉，然後殺掉了百八十名漢軍。楚軍再次匯合的時候，他們只損失了兩個人。項羽豪邁地問道：「怎麼樣？」楚軍們不無敬佩地說：「大王您果然神勇，無人能敵啊。」項羽終於衝出了漢軍的包圍，帶著剩下的這二十六個人向南繼續逃跑，一直逃到了烏江（今安徽和縣東北）。

烏江的長亭處，有一隻小船正停泊在岸邊。亭長勸項羽趕快渡江，他對項羽說：「江東雖然很小，但是土地縱橫也各有一千里，人民也有幾十萬人，足夠你稱王了。大王快快渡江吧。趁著我這裡有船，他們也還沒有追過來，不然等下您就沒法脫身了。」

看著烏江的浩瀚水面，項羽頓生窮途末路的感覺。他蒼涼地一笑，說道：「天要亡我，我又何必渡這烏江！再說了，當初我率領江東八千弟子渡江作戰，如今卻只有這二十幾人回來，即使江東的父老鄉親們疼愛我讓我做了王，我又有什麼臉面去面對他們呢？即便他們理解我，不指責我，可我心裡難道能沒有一點愧疚嗎？」他轉身看著亭長，說道：「您是位忠厚的長者，我的這匹馬和我一起征戰這麼久，曾經日行千里。它是匹好馬，我不忍心殺死他，現在就把它送給您了。」他將馬匹送給亭長，然後和二十六名兵士全都跳下馬來，跟圍攻過來的漢軍們開始了肉搏。他們斬殺了數百名漢軍，項羽的兵士們一個個倒下，他自己身上也多處負傷。

這時，一員漢將衝了上來，項羽一看，這個人就是自己當年的舊相識呂馬童，此時的呂馬童已經是劉邦手下的軍騎司馬了。項羽出言詢問：「你不是我的老相識呂馬童嗎！」正在奮力殺敵的呂馬童看到項羽，馬上指著他說：「他就是項羽！」項羽笑著，說道：「我聽說，漢王許諾你們黃金千兩，還有豐厚的封地來讓你們拿下我的腦袋，我就將這份好處送給你得了。」說完，項羽揮劍自刎，一代英雄就此隕落！

漢軍蜂擁上來哄搶項羽的人頭，在混亂之中漢軍互相踩踏而死和自相殘殺而死的有幾十個人。最後，漢王王翳奪得了項羽的人頭，楊喜、呂馬童、呂勝和楊武這四個人分別爭得了項羽軀體的一部分。劉邦履行了之前的諾言，將項羽的封地分為五個部分，分別封給了這五個人。

在項羽死後，楚人很快就臣服了劉邦，只有魯地的人感念於項羽曾經的仁義，不願意向劉邦投降。後來，劉邦讓人將項羽的頭顱送到魯地，並且按照魯公的禮儀安葬了項羽。魯地人痛苦地祭祀之後，才歸順了劉邦。

接著，劉邦便開始了在全國範圍內的征戰，最終統一了全國，建立起大漢王朝。

高祖本紀

劉邦娶妻

　　劉邦出生於西元前二四七年，是沛郡豐邑縣中陽里人。西元前二四七年，秦國莊襄王駕崩，秦王贏政繼承帝位。而這時，沛郡仍在楚國管轄範圍之內，故此劉邦是楚國人。在古代的時候，人們常以伯仲叔季依次稱呼同一家中的兄弟們。劉邦排在第四，因此被稱為劉季。

　　就在劉邦出生的當天，豐邑中陽里與劉家世代交好的盧家也增添了一名男丁，即後來的盧綰。兩家在同一天都添了男丁，非常高興，打算好好地慶賀。而中陽里的鄉鄰們更是覺得這是一件值得特別高興的事，也幫助劉盧兩家準備慶宴的事情。人們殺豬宰羊，大擺筵席，場面熱鬧非凡。這種場面在鄉里是極少見的，這也使劉邦的出生與他的兄弟們有些不同。故此，劉家上下的人都對劉邦青睞有加，非常寵愛劉邦。

　　劉邦容貌俊秀，鼻子挺拔，面相端正，脖子較長，寬闊的胸膛，脊背健碩，手腳較長並且迥然有力。劉邦長相的這些特徵極其符合古代美男子的評判標準。由於高大挺拔，劉邦從眾兄弟中脫穎而出。劉邦在兄弟中排在末尾，所以他不用出力幹活，從小就沒有受過任何的苦。大家都很疼愛劉邦，經常給他零用錢。因此，劉邦經常會有不少

的零用錢。每當劉邦外出的時候，劉邦就毫不吝惜自己的錢，得到了不少人的追捧。這樣一來，在許多同齡人的簇擁下，劉邦經常混跡於人多熱鬧的場合，經常在沛郡的縣城裡轉悠。

漸漸地，劉邦的朋友就多起來。而且劉邦為人豁達開朗，敢做敢當，贏得了不少人的好評。比如，沛縣的下級官吏都非常樂於和劉邦來往。甚至，沛縣的中上級官員也對他另眼相看，所有這些都使劉邦的人脈愈來愈廣。其中，就有兩個對劉邦後來成就霸業起到了非常關鍵作用的人，即蕭何和曹參。

蕭何受過很好的教育，擅長文辭。當時，蕭何擔任沛縣的主吏掾（即管理人事和文書）。蕭何為人溫文爾雅，善以寬容心對待他人。工作上，蕭何一絲不苟，善於言辭與克敵制勝。蕭何的這些優點，使得蕭何很受上級官員的青睞。蕭何一向很欣賞劉邦的氣魄；劉邦也很敬重蕭何，經常向蕭何請教問題。因此，兩人可以說是惺惺相惜。

當時，曹參擔任沛縣的獄掾（即管理縣裡製造麻煩的人）。曹參生性豪放，但也十分細心。劉邦樂善好施，對朋友沒有任何的偏私。而曹參也具有這些個性，因此曹參與劉邦甚是投緣。

由於蕭何和曹參的舉薦，劉邦在三十五歲時擔任了沛縣管轄下的泗水亭的亭長。當時正值秦始皇末年，社會局面再次不穩定起來。世事的紛亂極度地擴大了劉邦稱霸的野心。

劉邦志向遠大，立志要做出一番事業來。有一次，劉邦奉命押送犯人去咸陽。路上，劉邦恰好遇到秦始皇率眾遊玩。只見秦始皇乘坐

著華麗的馬車，非常有威嚴，引來許多人駐足觀望。看到這兒，劉邦無比豔羨，就說：「這樣才是真正的大丈夫啊！」

當上亭長以後，劉邦的應酬也增加了，他常常和許多朋友去沛縣縣城的酒館中飲酒。其中，劉邦最常去的是王婆婆的小酒鋪以及武大嫂的小酒鋪。劉邦的經濟也不是很寬裕，但出手大方，因此常常要賒帳。然而，這兩家酒鋪中的老闆卻十分歡迎劉邦，不在乎劉邦什麼時候還錢或是否還錢。因為，劉邦的口碑很好，認識的人也多。因此，許多認識劉邦的人也常常到這兩家酒館中喝酒。而這兩家酒館的生意也變得十分紅火，老闆也非常高興。每次年底時，這兩個老闆都會自願銷掉劉邦欠的帳單，以此希望劉邦來年能夠繼續捧場。

汝南地區單父縣中有位叫呂公的人，他出身於名門望族，與沛縣縣令有很深的交情。因為得罪了當地的豪族惡勢力，只好舉家遷居到沛縣。由於呂公是縣令的貴賓，沛縣的大小官吏都想乘機結交認識他。

這一天，縣令特別幫呂公辦壽宴，想不到要來參加的人太多，宴席的座位不夠。為了避免擁擠，蕭何把座位分成若干級別，並宣佈賀金千錢以上者是貴賓，可進入內廳直接會見呂公，其餘的人就只能在外廳及前廳等待呂公出來和大家見面。

亭長官職低微，俸祿也不多，通常只能坐在外面等候。然而劉邦卻不在乎官位的大小，向來愛開玩笑的他，竟直接大方地走入內廳，並且大聲喊道：「賀金萬錢！」其實，劉邦身無分文，仍大膽要求拜見呂公。

呂公知道以後，非常吃驚，打量著劉邦，他禁不住為這位美男子的長相所震驚。於是馬上站起來，親自到門口迎接劉邦。原來呂公頗為精通相術（尤其面相更是當時識人的準則），一見到儀表非凡的劉邦，就為他的奇異相貌和驚人氣勢所折服。

　　隨後，呂公恭敬地把劉邦帶到內廳，還安排他坐在自己旁邊的位置（象徵著無比的尊貴）。按說劉邦應該感到受寵若驚，但奇怪的是，劉邦談笑自若，好像與呂公是相識很久的老朋友。在宴席上，呂公多次用眼睛暗示劉邦不要馬上離開。劉邦很快就明白了呂公的意思，因此直到宴席結束仍然沒有離開。許多人都認為劉邦是呂公的舊識，就沒有特別留意。但熟悉內情的蕭何等人就非常不理解呂公的行為了。

　　宴席結束，所有的賓客都走了，只有劉邦還沒有走。呂公就把劉邦帶到後堂，向劉邦介紹呂夫人和女兒呂雉。後來，呂雉迴避。呂公在夫人在場的情況下，對劉邦說：「我一直非常喜歡相術，尤其精於面相。我見過許多人的面相，沒有一個能和你一樣的。我希望你要看清自己的實力，並努力成就自己的一番事業。」停頓了一下，呂公接著說：「你已經見過我的女兒呂雉了，我想把她許配給你，成為你的妻子。」

　　這個呂雉當時正值青春年少，非常可人。三十多歲仍未婚配的劉邦馬上就答應了。此時，對劉邦沒什麼好感的呂夫人感到非常吃驚。並且，呂夫人全然不顧忌禮數地對呂公說：「你不是說我們的呂雉天生尊貴，絕對不可以隨便出嫁的嗎？前些時候縣令想把女兒納為妾，你也是堅決不答應。為此，你還得罪了縣令。可是，你現在怎麼把女

兒嫁給劉邦呢？」

聽到這兒，呂公很生氣，他說：「這是我決定了的事，你一個婦人就不要管了。」

就這樣，呂雉嫁給了官職低下的泗水亭亭長劉邦。然而，我們不得不承認呂公的相術還是非常準的。劉邦日後果然尊貴無比，成就了一番霸業。而且，劉邦也沒有憑藉呂公的財勢起家。也許，呂公覺得劉邦需要好好地鍛鍊吧，沒有幫助劉邦什麼，也沒有給劉邦升職。古代講究出嫁從夫，因此出身尊貴的呂雉就跟隨劉邦回到了劉邦的老家，過著平凡的婦人生活。不久，呂雉就生了一男一女兩個孩子，即以後的孝惠皇帝和魯元公主。

揮劍斬白蛇

　　呂雉嫁給劉邦以後，就跟隨劉邦回到中陽里居住了。雖說呂雉出身高貴，看似柔弱的小女子，但骨子裡卻很堅強。深受呂公影響，呂雉也覺得劉邦一定會飛黃騰達的。呂雉十分喜歡劉邦的大而化之的個性，毫不在乎跟著劉邦受苦。而且，為了劉邦，呂雉甘願從一個嬌滴滴的貴府小姐變為一個鄉村婦人。再說劉邦也非常喜歡呂雉，看到呂雉親自到農田裡幹活，更是心疼不已。因此，劉邦漸漸地收斂了以往的放浪不羈的壞習慣。不久，呂雉生下了兩個孩子。

　　有一天，呂雉帶著兩個幼小的孩子在田裡鋤雜草。有位過路的老翁緩緩走過來說：「大嫂，可以給我點茶水喝嗎？」呂雉覺得這個老人十分勞累，不但給了他茶水，還把帶來的午飯分給了老人一些。正在吃飯的時候，老人十分吃驚地看著呂雉，並感歎道：「大嫂的面相是非常尊貴的面相啊！」由於和父親常說的相同，呂雉深感興趣，就請老人也看看兩個孩子的面相。老人看到劉盈以後，更加驚訝地說：「從這個孩子的面相看來，夫人您以後的富貴，全靠這個孩子才會得到呀。」呂雉又請老人看看女兒劉樂，老人點頭說道：「也是貴人之命啊！」說完，老人就拿起拐杖慢慢地走了。

　　這天午後，呂雉就把老人的話告訴了劉邦。劉邦聽了十分驚喜，

就馬上朝老人走的方向追上去。不一會兒，劉邦就看見一個年邁的背影。劉邦趕緊說：「老人家，請您留步！」老人轉過頭來，看了看劉邦面相。老人沒等劉邦說什麼，就驚歎著說：「剛剛我見到夫人和孩童的貴相，正在疑惑，原來是與您有關啊！您的面相非常尊貴，一般人是無法相比的。」劉邦聽了非常高興，就說：「如果我以後真像老先生說的那麼尊貴，一定不忘您的恩情！」後來，劉邦做了皇帝以後，就派人四處尋找這個老人，但無論如何也找不到了。也許正是這多次出現的「貴相」之說，才讓劉邦能堅忍不拔，愈挫愈勇，最後成就帝業。

秦始皇繼位晚年，長期討伐匈奴，並修築長城。為此，朝廷耗費了大量的人力物力。而且，朝廷先前就已經進行了修建馳道、宮室以及驪山陵的工程。這一切，都使朝廷的人力極其缺乏。於是，朝廷只好向民間徵集大量勞役。就這樣，徵調勞役的命令也下達到了泗水亭。劉邦從內心裡就反對這種過度壓榨百姓的政令，但這次的任務是修築驪山陵，劉邦只能硬著頭皮帶領徵集的五百多人向咸陽出發了。

沛縣與咸陽相隔數千里，劉邦等人僅憑雙腳翻山越嶺，日夜兼行，非常辛苦。劉邦向來寬厚仁慈，管理並不嚴厲，其中很多不想吃苦或想家的人就偷偷逃走了。劉邦也發現有人逃走，但由於缺乏監管人員，加上山路崎嶇難行，也無法追捕那些逃走的人。因此劉邦雖然為此頭疼不已，卻也無可奈何。於是，劉邦只好假裝毫不知情，繼續領著其它人向前走。看到逃走的人越來越多，劉邦卻無法命人追捕。劉邦心想，這樣繼續下去，到了咸陽或許只剩下他自己了，到時候肯定無法交差，只有死路一條。劉邦認為與其等死，還不如拼一次，乾脆一錯到底。

打定主意以後，劉邦覺得心裡舒服多了。劉邦領人到了豐凱撒中以後，下令將剩下的路費全部買了酒菜，並召請剩下的勞役與他痛飲一番。正當大家疑惑不解時，劉邦宣佈解散所有的勞役，想回家的人可以偷偷地回去。而且，劉邦決定自己承擔全部責任。劉邦激動地說：「這次凶多吉少，大家趕緊逃命去吧！事已至此，我也只能逃跑了。」其中一些膽大義氣的人馬上說：「我們願意和亭長一起逃亡！」就這樣，劉邦借著酒意，帶領大家朝深山裡走去。不僅為了避免走漏風聲後會被朝廷抓住，也因為山裡容易找到吃的東西，比較容易生存。

就在逃亡幾天後的一個夜晚，劉邦等人正借月光在山中趕路。因為不熟悉道路，劉邦就讓一個比較機警的勞役在前面探路。這樣就能避免人太多而被發現。不久，這個勞役十分驚慌地回來向劉邦報告：「大事不好了，前邊有條巨蛇，盤踞在小路上。看樣子我們過不去了，還是往回走，另尋出路吧！」

劉邦膽大，並大聲說：「壯士外出行走，怎能怕什麼大蛇？」接著，劉邦猛喝了幾口酒，然後拔出佩劍，奮勇向前襲擊大蛇。大蛇突遭襲擊，立刻拼命反抗。但劉邦力氣很大，連劈帶砍，終於把大蛇斬成數段。此時劉邦酒意襲來，竟在迷迷糊糊中獨自穿越過了小路。劉邦又走了幾裡路以後，終於因為醉酒，加上疲勞過度，而臥倒在路旁。很快，劉邦就睡得不醒人事了。跟隨在劉邦後面的那些人，許久沒聽見動靜，就向前尋找劉邦。就在劉邦斬殺大蛇的地方，他們看見有一位老婆婆在黑暗中哭泣。大家非常納悶，就向前問道：「老婆婆，你為什麼在這裡痛哭呢？」老婆婆就哭著說：「我的兒子被人殺

死了，我在這裡為兒子痛哭啊！」大家又問：「你的兒子是怎麼被人殺死的呢？」老婆婆哭著說：「我兒子是白帝之子，今天他化成蛇的原形，橫在這條小路上。但是，他卻被赤帝之子殺死了，所以我才在這裡哭啊！」大家覺得老婆婆在胡言亂語，正打算羞辱她，老婆婆卻消失不見了。

大家覺得非常吃驚，就趕緊去找劉邦。大家叫醒了劉邦，並把剛才的事情告訴了他。劉邦聽到了特別高興，就認為自己真的是赤帝之子。劉邦心裡十分高興，也更加自負了。而且，那些追隨他的人慢慢地也畏懼他了。

沛縣起兵

　　劉邦斬殺了大蛇後，就藏身在芒縣和碭縣之間的深山中。劉邦這樣做是為了躲避朝廷的追捕。不過，每當呂雉有事來找劉邦的時候，都能很快就找到劉邦。對此，劉邦感到非常不理解，就問妻子呂雉：「為什麼你每次來都能很快就找到我呢？」呂雉就回答說：「因為你所在的地方上空常有雲氣出現，我只要循著雲氣的方向走，就可以找到你了。」劉邦聽了非常高興，更加確信自己有祥瑞的徵兆。沛縣的父老鄉親們知道了以後，也更加相信劉邦的貴人之相了，許多人都來投奔劉邦。不久，劉邦就集結了一股不小的力量。

　　秦二世在位時期，統治日益腐朽，民不聊生。秦二世元年（西元前209年）秋，陳勝、吳廣等人在蘄地（今屬安徽省）發動起義。而此時，劉邦（38歲）仍然在山區中避禍。

　　事實上，陳勝等人的力量不是十分強大，只因楚地許多部落對皇室的不滿由來已久，他們就借機殺死許多郡縣的秦朝官員，各地紛紛回應陳勝的起義。於是，蘄地周邊的經、酇、苦、柘、譙等縣，都在起義軍控制的範圍之內了。同時，吳廣趁機集結各地亂民，佔領糧倉，大大壯大了他們的力量。因此，當陳勝吳廣等人進入河南的時候，他們已經有車六百乘、馬千騎了，而士兵更是多達數萬人，儼然是一支強大的隊伍。此時，陳勝等人向以前的陳國都城陳城出發。

陳國曾是舜帝後代的封地，春秋後期被楚國攻佔。戰國末年，楚國的都城郢被秦軍攻佔之後，楚國曾在此定都。秦朝統一天下之後，在陳城設立了郡守治理。陳勝雖然不是楚地的人，但他在楚地起義，因此也得到了陳城百姓的擁護。這樣，陳城的郡守因害怕起義軍而棄城逃走了。於是，陳勝就攻佔了陳城。這之後，楚地的許多部落紛紛回應陳勝等人，並推舉陳勝為反抗秦軍的楚軍首領。因此，陳勝就自立為王，稱為「張楚王」，也就是將楚國發揚擴大的意思。

　　這時，許多郡縣的人都殺了縣令投靠陳勝。為此，沛縣的縣令非常害怕，也想回應陳勝。於是，縣令就和蕭何、曹參等人商量此事。蕭何就說：「您原本是秦朝的官員，又不是本地人。您現在卻想背叛朝廷，恐怕沛縣子民不會聽您的命令。我和曹參也是為朝廷做事的人，也不好出面，不如召回逃亡在外的沛縣子民。由他們領導抗秦，才可以保全沛縣。泗水亭亭長劉邦，曾因押解勞役失職而逃亡在外，現在也聚集了數百人，不如召他回來，以他的名義抗秦，大家也會跟著回應。」縣令沒有辦法，只好同意了蕭何的建議。於是，蕭何馬上派樊噲去深山中找尋劉邦。

　　此時，劉邦正帶領著數百名為躲避繁重勞役的沛縣子弟在深山中逃亡。當他們聽說陳勝起義以後，也打算回應陳勝，但由於勢單力薄，又無人引薦，只好暫時持觀望態度。聽到縣令召請回去，劉邦非常高興，馬上整理行裝，率領眾人奔向沛縣縣城。

　　不過劉邦也留了個心眼，他不相信縣令會放棄縣城，讓自己來領導叛變。於是劉邦讓樊噲先回去，聯繫沛縣父老作為內應，如有必要

就用武力奪取縣城。果不其然，縣令見蕭何、曹參態度曖昧，行動又十分積極，就怕他們對自己不利。於是，縣令下令閉門堅守，並想捕殺曹參和蕭何。但這個消息很快就被夏侯嬰得知了，危急中，他出動縣府所有馬車，把蕭何和曹參等人在城門未被關閉前送出城外，投奔返回中的劉邦等人。

蕭何見到劉邦，告訴劉邦縣令想反悔，並且城門已關閉，可能需要從長計議。然而劉邦只微笑點頭，並示意繼續前進。原來劉邦早令樊噲先回城，由留居城中的「劉季黨」煽動沛城父老策動兵變。

劉邦等人到城下時，只見城門早已緊閉，戒備森嚴。劉邦親自寫了十幾封書信，繫在箭梢上射入城內，向沛縣的父老百姓宣告說：「天下百姓深受秦朝暴政統治已經很長時間了。雖然現在父老們給沛縣縣令守城，但是各地的諸侯已經起兵反抗秦朝，很快就會攻到沛縣。如果現在父老們把沛縣縣令殺死，擁立有德才的年輕人為首領並回應各地諸侯，那麼你們的家人就可以得到保全。否則，全縣的老少都要遭到屠殺，那時你們想做什麼也做不成。」這封書信的最主要用意，在於挑起縣令和沛城父老們的矛盾。果然縣令大驚失色，立刻在縣城內實施嚴格軍管。父老們看到縣令極端的強硬手段，就深怕被殺害。於是，眾人一不作二不休，當晚就發動了民變。原來守衛縣府的子弟兵也回應民變，縣令獨自一人逃離了縣府，但最終仍被亂民殺死。

沛縣父老們在樊噲的領導下，打開城門迎接劉邦等人進城。於是，劉邦等人受到沛縣人民的熱烈歡迎，被簇擁著進入縣衙。同時，

父老們還懇切地請求劉邦出任縣令。劉邦推辭說：「現在天下大亂，各地諸侯並起，征戰激烈，選擇的領導若不能勝任，就會導致起義軍一敗塗地。我不是愛惜自己的生命，只是怕自己的才能不足以擔當這個重任，怕辜負了父老弟兄們的期望。選擇首領，對大家來說是一件大事，應更慎重選擇啊！」蕭何和曹參等人也都極力地推選劉邦。

經過幾次推讓之後，劉邦同意做首領，卻不願意做縣令。蕭何想了想說：「那麼我們就稱劉邦為『沛公』吧！這樣，既說明劉邦是沛縣的首領，又有親切感和敬重感。」於是，劉邦就帶領眾人到太廟祭拜黃帝，意為自己立志統一天下。同時，劉邦命人用紅色作為戰旗的顏色。由於被斬殺的巨蛇為白帝之子，而殺蛇那個人是赤帝之子，所以劉邦崇尚紅色。劉邦率領的人數雖不多，但氣勢比較強大。劉邦讓蕭何與曹參做主要參謀，盧綰做侍從官，夏侯嬰、任敖、周勃、灌嬰等做部將，並讓最為驃悍的樊噲做先鋒。

西元前二〇九年，已經四十八歲的劉邦自稱是赤帝之子，率領眾人挑起了反抗秦朝的旗幟。

約法三章

西元前二〇九年（秦二世元年），劉邦被稱為沛公，在沛縣起兵，率領三千多人攻打胡陵、方與等地，隨後駐守豐邑。第二年，項梁與項羽在吳地起兵反秦。劉邦開始與項梁共同擁護楚懷王，聯合反秦。

西元前二〇七年（秦二世三年），項梁的軍隊被秦軍大將章邯擊敗，項梁也被秦軍殺死。於是，楚懷王把都城從盱臺遷往彭城，並任命劉邦為碭郡太守。同時，楚懷王封劉邦為武安侯，統率碭郡軍隊。項羽被封為長安侯，號稱魯公。

章邯打敗項梁以後，就放棄定陶，率領全軍渡河北上，並攻打趙國。趙國抵擋不住章邯的軍隊，趙王只好退守到鉅鹿，並派人向楚懷王求助。為了鼓舞楚軍在項梁戰敗後低落的士氣，楚懷王和楚國大臣們打算反擊秦軍，爭取戰爭主動權。於是，楚懷王命令攻打秦朝的關中地區。

關中地區向來是一個富饒之地，屬於渭水、涇河與洛河等沖積而形成的黃土盆地。關中四周群山環繞，地勢險要。若想進入關中，只有從西面的函谷關、西南面武關和南面的散關進入。當時，秦軍的力

量仍然十分強大。這個時候，大部分人覺得進入關中是極為不利的事情。但是項羽由於恨秦軍擊敗了項梁的軍隊，所以就要求入關與章邯作戰。

楚懷王手下的大臣們都說：「項羽這個人雖然機敏勇猛，但也狡猾無比。一旦項羽攻下那個城池，項羽就會把城中的軍民全部活埋。這樣，項羽的行為很容易激起秦軍的反抗。不如改派一個忠厚老實的人率領軍隊去秦地實行仁義，並向那裡的百姓說明道理。況且，秦地的百姓們置身於秦朝殘暴統治之下已經很久了。如果現在能有一位忠厚仁義的人前去，不欺壓百姓，那麼就能使秦地的百姓們歸順。項羽只是機敏勇猛，但不夠仁義，所以不能派他去。而劉邦向來忠厚老實，可以派他去。」於是，楚懷王就任命宋義為上將軍，項羽為次將軍，范曾為末將軍，向北進兵支持趙國。同時，楚懷王命令劉邦向西進軍關中。而且，楚懷王還和諸將約定，先進入函谷關平定關中者，就是關中之王。

於是，劉邦率軍向西進發，路上集結陳勝、項梁的軍隊遺留的散兵。不久，劉邦率軍取道碭縣抵達成陽，直接進入穎川附近的杜裡。在那裡，劉邦遇上了秦朝駐紮在魏地的軍隊。於是，劉邦率軍發動猛烈進攻。秦軍因為後方補給供應不足，只好退守到昌邑和高陽一帶的地方。而且，昌邑是秦將章邯建立的糧倉。劉邦繼續率兵西進，途中與彭越相遇，於是兩軍一起攻打昌邑的秦軍。劉邦等人很久都沒有攻下昌邑，就下令撤兵到栗縣。途中，劉邦等人正好遇到剛武侯，就搶奪了他的軍隊。這樣，劉邦就把大約四千人併入了自己的軍隊。後來，劉邦又和魏將皇欣、魏司徒武蒲的軍隊聯合起來攻打昌邑，仍然沒有成功。劉邦就決定不攻打昌邑了，而是率兵繼續西進。劉邦行軍

速度極快，率兵火速向開封進發，打算攻打穀倉滎陽。

劉邦西進途中，經過小鎮高陽，恰好秦將酈食其負責看守高陽的城門。酈食其喜歡讀書，卻非常自負，從來不把達官貴人們放在眼裡。酈食其只因家庭貧寒，就只好看守城門。酈食其長期看守城門，也見過不少的將領。但酈食其覺得，那些將領大多喜好講排場，但心胸狹窄，又喜歡苛責別人，一副盛氣凌人的樣子。酈食其聽說劉邦不修邊幅，待人寬厚仁慈，眼見卓識，氣度非凡。於是，酈食其覺得劉邦才值得自己奔走賣命，就親自去求見劉邦。當時，劉邦正坐在床上洗腳。酈食其見了以後，並沒有叩拜，只略微俯身作了一個長揖禮，就說：「如果您一定要消滅實行暴政的秦朝，就不能坐著接見長者。」聽到這兒，劉邦趕緊站起來，並整理好衣服。然後，劉邦向酈食其道歉，還把他請到上坐。

隨後，劉邦聽從了酈食其的建議，攻打陳留並奪取秦軍的糧倉。然後，劉邦封酈食其為廣野君，任命他的弟弟酈商為將軍。於是，酈商統率陳留的軍隊，與劉邦一起攻佔了開封。然後，劉邦率軍繼續向西進發，途中和秦將楊熊分別在白馬和曲遇東面作戰，並戰勝了秦軍。接著，劉邦又向南進攻穎陽，並且屠戮了穎陽城。後來，劉邦又借助張良的關係，攻佔了韓國的轘轅道。然後，劉邦又率軍向北攻打平陰，並且截斷了黃河渡口。接著，劉邦又向南攻取了南陽郡，迫使南陽太守呂齮退守宛城。隨後，劉邦想率軍繞過宛城繼續西進。張良就進諫說：「我也知道您想趕快進入關中，但眼下秦兵較多，而且關中地勢險要。如果現在不攻克宛城，日後宛城的敵人很可能從後面襲擊我們，加上前面有強大的秦軍，我們的處境就非常危險了。」於

是，劉邦連夜率軍從另一條道返回，並且換了大旗。在黎明的時候，劉邦率軍圍困了宛城。

當時，南陽郡守呂齮的門客中有一個叫陳恢的人出城拜見劉邦。陳恢對劉邦說：「宛城作為一個郡的都城，人多而且給養充足。軍民都認為誰要投降，誰就會被砍頭。所以，城中的百姓都下定決心死守城池。假如您現在攻打宛城，軍隊一定會受很大的損失；但是，如果您率軍離去，宛城軍隊又會從後面追擊您。您還不如與宛城講和，賞賜南陽太守，並讓他駐守南陽，然後您就率領著宛城士兵一起向西進發。這樣一來，那些還沒有歸降的城邑聽到這個消息後，必定會爭著歸順您。那樣，您就可以暢通無阻地西進了。」劉邦聽了，馬上封宛城太守呂齮為殷侯，封陳恢為千戶。接著，劉邦領兵西進，果然所經過的城邑都紛紛歸降。

秦朝趙高殺死了秦二世以後，打算和劉邦在關中共同稱王。劉邦聽了張良的建議，派酈生和陸賈帶著財物去誘降秦朝將領。同時，劉邦乘機率軍前去偷襲武關並攻佔了武關，也徹底擊敗了秦軍。然後，劉邦下令，禁止全軍任何人侵擾百姓。對此，秦地的人都非常欣慰。

西元前二〇六年十月，劉邦最先到達霸上，並且接受了秦王子嬰的投降。劉邦下令把秦宮中的珍寶財物和庫府都封好，然後退守灞上。同時，劉邦召來各縣的父老和德高望重的人，並對他們說：「鄉親們苦於秦朝的殘暴統治已經很久了，指責朝政得失的人要被滅族，相聚談話的人要被處死。現在我和大家約定三條法令：殺人者處死，傷人者和搶劫者依法治罪；其餘凡是秦朝的法律都要全部廢止；城中

所有官員和百姓的地位、工作和生活習慣，一切如常。我不是來欺負和劫掠你們的，請你們不要害怕。我把軍隊撤回灞上是為了等所有諸侯的到來。然後，我們共同制定規約。」隨即，劉邦就派人同秦的官員一起到各縣鎮鄉村去巡查，並向百姓說明情況。秦地的百姓都十分高興，紛紛送來牛羊酒食，以慰勞士兵，害怕劉邦不在關中稱王。

昌明文庫·閱讀歷史 A0604002

一口氣讀懂史記故事　上冊

主　　編　劉曼麗
責任編輯　蔡雅如

發 行 人　陳滿銘
總 經 理　梁錦興
總 編 輯　陳滿銘
副總編輯　張晏瑞
編 輯 所　萬卷樓圖書股份有限公司
排　　版　菩薩蠻數位文化有限公司
印　　刷　百通科技股份有限公司
封面設計　菩薩蠻數位文化有限公司

出　　版　昌明文化有限公司
桃園市龜山區中原街 32 號
電話 (02)23216565
發　　行　萬卷樓圖書股份有限公司
臺北市羅斯福路二段 41 號 6 樓之 3
電話 (02)23216565
傳真 (02)23218698
電郵 SERVICE@WANJUAN.COM.TW
大陸經銷
廈門外圖臺灣書店有限公司
　　電郵 JKB188@188.COM

ISBN 978-986-94911-0-5
2018 年 1 月初版二刷
2017 年 5 月初版
定價：新臺幣 320 元

如何購買本書：
1. 劃撥購書，請透過以下郵政劃撥帳號：
　帳號：15624015
　戶名：萬卷樓圖書股份有限公司
2. 轉帳購書，請透過以下帳戶
　合作金庫銀行 古亭分行
　戶名：萬卷樓圖書股份有限公司
　帳號：0877717092596
3. 網路購書，請透過萬卷樓網站
　網址 WWW.WANJUAN.COM.TW

大量購買，請直接聯繫我們，將有專人為您
服務。客服：(02)23216565 分機 10

如有缺頁、破損或裝訂錯誤，請寄回更換
版權所有·翻印必究
Copyright©2018 by WanJuanLou Books CO., Ltd.
All Right Reserved　　　　Printed in Taiwan

國家圖書館出版品預行編目資料

一口氣讀懂史記故事 / 劉曼麗主編.-- 初版.
-- 桃園市：昌明文化出版；臺北市：萬卷
樓發行, 2017.05　冊；　公分.--(昌明文庫.
閱讀歷史；A0604002)
ISBN 978-986-94911-0-5(上冊：平裝).--
1.史記 2.歷史故事
610.11　　　　　　　　　　106008390

本著作物經廈門墨客知識產權代理有限公司代理，由中國紡織出版社授權萬卷樓圖書
股份有限公司出版、發行中文繁體字版版權。